« Tous les enfants sont des sorciers ! »
Jacques Brel

À Jean et Hugo, à leur magie, à leurs rires.
À Margot, la petite fée aux yeux d'azur. Tu es dans mon cœur.
À Mamie, ma sorcière bien-aimée.

SOMMAIRE

CHAPITRE 2 : SORTILÈGES DE RUBIS 36

CHAPITRE 3 : SORTILÈGES D'AMÉTHYSTE 64

Battie,
la chauve-souris

La sorcière Marjolaine,
professeur en sortilèges

Josette la chouette,
professeur assistant

Emma, l'apprentie sorcière

Léo, l'apprenti sorcier

Azraëlle la chatounette

Hubert le crapaud

Coco le corbeau

Mousette la souricette

Pirouette la chatounette

Désirée l'araignée

Balthazar le lézard

Globulus l'octopus

1

SORTILÈGES DE JADE

1

SORTILÈGE DU MONSTRE LÉGUME

Un spectateur choisit librement parmi 3 couleurs. Tu lui expliques ensuite que tu as fait un cauchemar la nuit précédente, prédisant son choix. Et tu lui prouves que tu ne racontes pas d'histoire en lui remettant la prédiction inscrite dans une enveloppe.

Difficulté :

DANS TON CHAUDRON, IL TE FAUT :

- 1 enveloppe blanche.
- Des crayons de couleur vert, rouge et violet.
- 1 feuille blanche assez épaisse de type papier dessin.
- 1 feuille blanche fine.
- 1 crayon gris.

Ton secret de sorcier

Pour ce sort, il te faut préparer une enveloppe spéciale, et bien t'entraîner pour la présentation.

Procède ainsi :

1) L'ENVELOPPE :

- Du côté recto de l'enveloppe,il faut inscrire : « Le sortilège du monstre légume » .
- Au dos de l'enveloppe (la face où se trouve l'ouverture), écris : « Je savais que tu choisirais la couleur violette, à cause de l'aubergine géante de mon cauchemar... ! » Écris le mot « violette » avec ton crayon de couleur violet et le reste au crayon gris en n'appuyant pas trop fort.

1

recto

verso

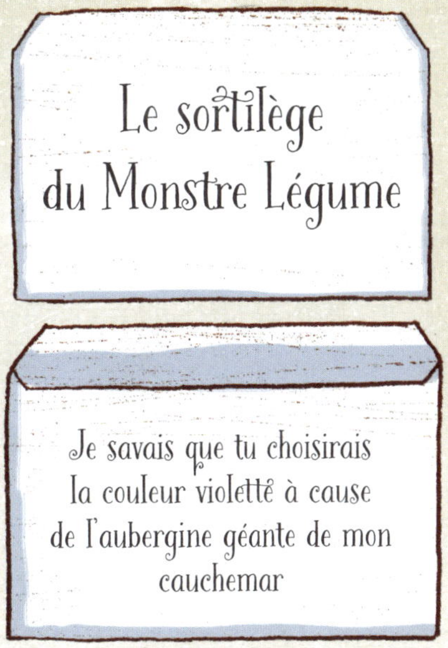

2

2) LE PAPIER PLIÉ :

- Découpe dans ta feuille blanche fine, un carré d'environ 8 x 8 cm. Écris sur ce bout de feuille ; « Je savais que tu choisirais la couleur verte, à cause de la courgette géante de mon cauchemar ! ». Écris le mot « verte » avec ton crayon de couleur vert.
- Puis plie le papier en 2 et mets-le bien au fond de l'enveloppe pour qu'on ne voie pas le papier.

3) LES 3 JETONS DE COULEUR :

- Dans le papier à dessin blanc, découpe 3 carrés d'environ 8 x 8 cm qui te serviront de jetons.
- Colorie le recto de chaque carré : un en vert, un autre en violet et le troisième en rouge.
- Au verso du jeton rouge, écris au crayon gris, sans appuyer fort, de façon à ce qu'on ne voie pas au travers du papier : « Je savais que tu choisirais la couleur rouge, à cause de la tomate géante de mon cauchemar ! »
- Enfin mets les 3 jetons de couleur dans l'enveloppe, le côté recto des jetons (le côté colorié) vers le côté recto de l'enveloppe. Ainsi quand tu les sortiras de l'enveloppe, tes spectateurs ne verront que le recto, personne ne doit voir qu'il y a une inscription au dos du jeton rouge.

3

1

LANCE TON SORTILÈGE !

Te voilà prêt ! Ton enveloppe contient bien le papier plié au fond, et les 3 jetons de couleur placés du bon côté.

1 Place-toi derrière une table, tiens ton enveloppe le côté recto tourné vers les spectateurs.
Personne ne doit voir le verso de l'enveloppe. Pour cela garde l'enveloppe près de ton corps. Sors tes 3 jetons du côté verso, et pose-les sur la table, d'un mouvement calme et direct, afin que personne ne voie l'inscription au dos du jeton rouge.
Prends aussi garde, en sortant les jetons, de ne pas faire glisser le papier plié hors de l'enveloppe. Il doit rester au fond, invisible...
Enfin, pose ton enveloppe sur la table, près de toi, du côté recto bien entendu.

2 Adresse-toi à un volontaire :

« Peux-tu me dire, entre ses trois couleurs, rouge, violette ou verte, laquelle tu préfères ? »

Attention, les mots que tu prononces sont importants. Il ne faut pas utiliser les mots « prendre » « toucher » ou « choisir », qui risquent d'inciter ton spectateur à prendre en main un des jetons, il risquerait de voir de l'autre côté...
Le spectateur t'indique donc la couleur qu'il a choisie...

FINAL

3 C'est le moment du dénouement final où tu vas révéler ta prédiction. Le petit geste à faire et l'histoire à raconter varient de 3 manières, selon la couleur choisie juste avant par le volontaire.

Si le volontaire choisit la couleur rouge...

Explique à ton volontaire devant tout le monde :

« Je vais te raconter le cauchemar que j'ai fait la nuit dernière... J'ai justement rêvé de toi. On t'avait jeté le sortilège du monstre légume... Tu t'enfuyais à toute allure, poursuivi par une tomate géante... La tomate t'a avalé tout cru, mais elle t'a ensuite recraché car elle avait peur de faire une indigestion... Du coup, aujourd'hui, j'étais sûr que tu choisirais la couleur rouge, comme la tomate géante qui t'a avalé. J'en étais tellement sûr, que j'ai noté cette prédiction... Regarde... »

Ce faisant, retourne d'abord le jeton vert pour montrer qu'il n'y a rien au dos, puis retourne le violet, rien au dos... Et enfin retourne le jeton rouge, où est inscrit « Je savais que tu choisirais la couleur rouge, à cause... »

Si le volontaire choisit la couleur verte...

Explique à ton volontaire devant tout le monde :

« Je vais te raconter le cauchemar que j'ai fait la nuit dernière... J'ai justement rêvé de toi. On t'avait jeté le sortilège du monstre légume... Tu t'enfuyais à toute allure, poursuivi par une courgette géante... La courgette t'a avalé tout cru, mais elle t'a ensuite recraché car elle avait peur de faire une indigestion... Du coup, aujourd'hui, j'étais sûr que tu choisirais la couleur verte comme la courgette géante qui t'a avalé. J'en étais tellement sûr, que j'ai noté cette prédiction... Regarde, il y a un seul papier dans cette enveloppe, je te le donne... »

Ce faisant, lève l'enveloppe restée sur la table, retourne-la, de façon à ce que le papier plié à l'intérieur tombe sur la table. À tout instant, tu dois faire attention de garder le côté recto de l'enveloppe face au spectateur.
La rotation de l'enveloppe se fait donc comme sur le dessin en bas de page.
Puis tends le papier, tombé sur la table, au spectateur. Repose ton enveloppe sur la table, en prenant garde qu'on ne voie pas le verso...
Demande au spectateur de lire ce qu'il y a écrit sur le papier à voix haute... Il sera très étonné...

Si le volontaire choisit la couleur violette…

Explique à ton volontaire devant tout le monde :

« Je vais te raconter le cauchemar que j'ai fait la nuit dernière… J'ai justement rêvé de toi. On t'avait jeté le sortilège du monstre légume… Tu t'enfuyais à toute allure, poursuivi par une aubergine géante… L'aubergine t'a avalé tout cru, mais elle t'a ensuite recraché car elle avait peur de faire une indigestion… Du coup, aujourd'hui, j'étais sûr que tu choisirais la couleur violette, comme l'aubergine géante qui t'a avalé. J'en étais tellement sûr, que j'ai noté cette prédiction… Regarde… »

Et ce faisant, prends l'enveloppe, retourne-la du côté verso, et montre l'inscription au dos au spectateur, en lui demandant de la lire à voix haute… Tu apparaîtras comme un grand devin, champion des rêves prémonitoires !

LES ASTUCES DE JOSETTE LA CHOUETTE

- Pour ce sortilège, tu dois cacher plusieurs choses : le verso de l'enveloppe, le verso du jeton rouge…
- Tes mouvements doivent être bien calculés, simples, entraîne-toi devant un miroir.
- Il faut que tu arrives à être détendu dans tes mouvements, à ne faire aucun mouvement inutile.

Sinon, les spectateurs vont sentir que tu as quelque chose à cacher.

SORTILÈGE DE L'ÉCHELLE

Tu vas réaliser une figure compliquée qui ressemble à une échelle, avec un élastique. Tout ça en à peine quelques secondes.

Difficulté :

DANS TON CHAUDRON, IL TE FAUT :

- 1 élastique de bureau, assez grand.

Ton secret de sorcier

Pour réaliser la figure de l'échelle avec l'élastique :

1) Commence par joindre tes mains comme cela et place l'élastique au bout de tes doigts.

2) Croise le bout de tes doigts comme sur le dessin.

1

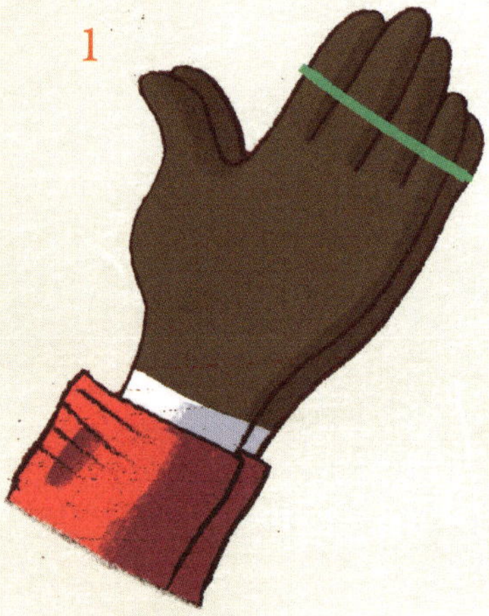

2

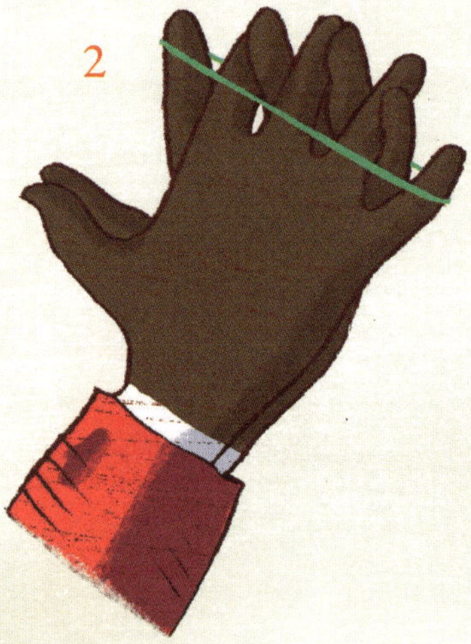

3) Replie maintenant le bout de tes doigts par-dessus le brin de l'élastique opposé.

4) Écarte un peu tes mains, elles se placent à l'horizontale, et les bouts des doigts sont recroquevillés pour agripper l'élastique...

3

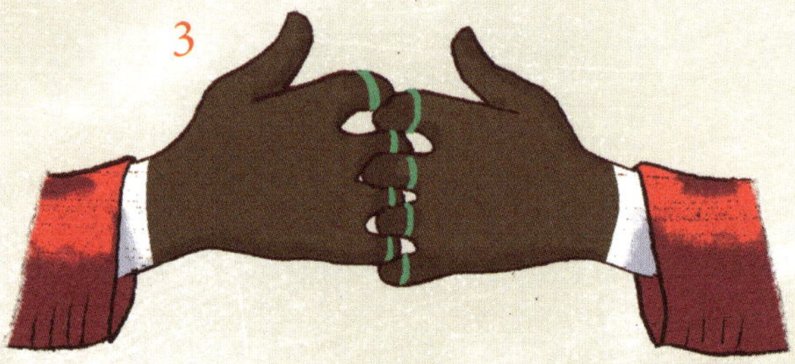

4

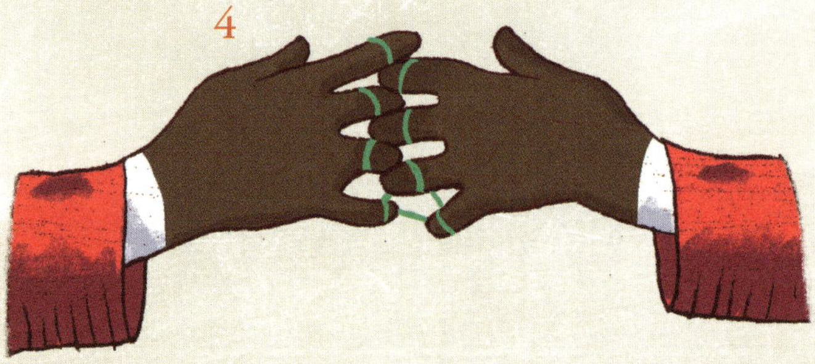

5) Tire sur l'élastique, tout en recroquevillant bien le bout des doigts. Progressivement l'élastique glisse au bout des doigts. Présente ta figure finale de l'échelle, en présentant tes mains comme ceci, la paume de tes mains vers toi, les pouces levés vers le ciel.

5

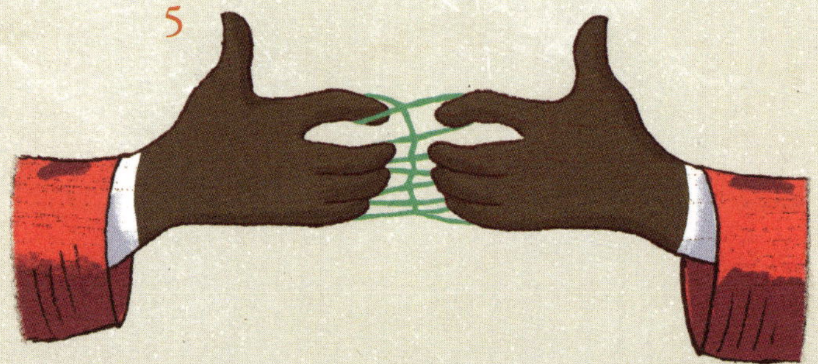

LANCE TON SORTILÈGE !

1 Présente ton élastique au public simplement dans la paume de ta main. Explique-leur que tu vas réaliser le sortilège de l'échelle, et métamorphoser l'élastique en quelques instants.

2 Place tes mains sous la table, ou tourne le dos aux spectateurs pour réaliser la figure compliquée de l'échelle, sans que l'on te voie faire.
Réalise ainsi les 4 étapes qui te sont expliquées dans « ton secret de sorcier ».

3 Pendant que tu réalises la figure secrètement, continue de parler à tes spectateurs, en leur disant par exemple :

“ C'est une figure très compliquée que je réalise, mais avec le sortilège de l'échelle, ça va aller vite. Entortillo, entortillo… ! ”

4 Lorsque tu as fini, montre tes mains au public, paumes tournées vers toi, en écartant bien les mains pour que l'on voie l'échelle. Tadam !

LES ASTUCES DE JOSETTE LA CHOUETTE

- Si tu t'es bien entraîné au préalable, tu dois réussir à faire la figure, sans regarder tes mains, en moins de 5 secondes.
- Choisis de préférence un élastique souple, et coloré pour qu'on le voie bien de loin.

1 SORTILÈGE DE L'EMPREINTE INVISIBLE

Sortilège pour 2 sorciers

Tandis que ton copain sorcier est dans une autre pièce, qu'il ne peut rien entendre ni voir, un spectateur touche une carte de son choix parmi 6 cartes. Ton copain sorcier revient parmi les spectateurs, ça paraît impossible qu'il devine quelle carte a été designée. Et pourtant il la révèlera à coup sûr, grâce au sortilège de l'empreinte invisible.

Difficulté : 

DANS TON CHAUDRON, IL TE FAUT :

- Les 12 cartes découpées à la fin du livre.
- 1 table face au public.

Ton secret de sorcier

1) Pour ce sortilège, vous devez être deux sorciers, il te faut donc un complice.

2) Utilisez 12 cartes. Les spectateurs vont choisir 6 cartes au hasard parmi les 12 cartes.

3) Il faudra poser les cartes choisies sur la table en deux rangées bien alignées et garder les 6 autres cartes non choisies en main.

4) Ensuite ton sorcier complice va aller dans une autre pièce, accompagné d'un spectateur qui pourra témoigner qu'il n'a pas regardé par le trou de la serrure, ni écouté aux portes ! Toi, tu restes avec tous les autres spectateurs.

5) Tu vas faire choisir à un spectateur une carte, qu'il va juste toucher du doigt...

6) Ton complice ne pourra rien voir de ce qui se passe en son absence, mais toi qui vois tout, tu vas t'arranger pour lui indiquer où se trouve la carte, par un signe secret et indétectable, dès qu'il vous rejoindra.

7) Voici l'explication du signe secret :

Tu dois tenir les cartes restantes dans une main.
Sois détendu et naturel, si tu es tout crispé, tu vas attirer l'attention sur ta main... Tu peux caler la main sur une hanche, l'air de rien, ou la laisser posée sur la table.

C'est la position de ton pouce sur le paquet qui indiquera à ton complice quelle carte a été touchée... Il n'aura plus qu'à jeter un coup d'œil discret à ta main, et il saura quelle carte a été choisie.

Exemple : Si ton spectateur a touché la carte 1 de la première rangée de cartes, place ton pouce en position 1...

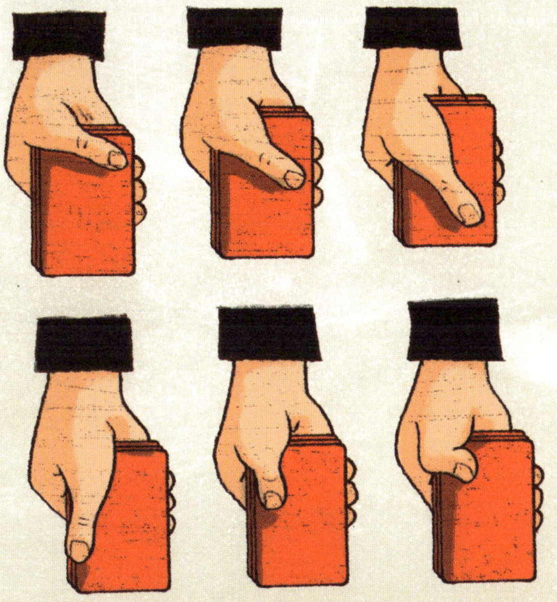

1

LANCE TON SORTILÈGE !

1 Propose à tes spectateurs d'examiner les cartes, ils peuvent constater qu'elles sont toutes différentes et normales…

2 Explique que ton ami sorcier et toi allez ensorceler les 12 cartes. Puis ensemble prononcez le sortilège en visant les 12 cartes posées sur la table :

« Mondes visibles et invisibles, posez votre empreinte. »

3 Demande ensuite à ton complice de sortir de la salle, et à un spectateur de l'accompagner, afin de vérifier que dans la pièce d'à côté, ils n'entendent rien ni ne voient rien de ce qui se passe ici.

4 Demande ensuite à quelqu'un de te rejoindre près de la table.
Il choisit 6 cartes au hasard dans le jeu. Tu reprends le reste du jeu en main, et tu places les 6 cartes choisies en 2 rangées de 3 cartes (comme expliqué dans « ton secret de sorcier »).
Tu proposes au spectateur d'intervertir la position de certaines cartes dans les deux rangées s'il le souhaite.

5 Ensuite tu dis :

« Cher spectateur, vous allez maintenant toucher une carte du doigt parmi celles posées sur la table. Grâce au sortilège de l'empreinte invisible, vous allez marquer cette carte à jamais. »

Le spectateur touche donc une carte.

6 Explique maintenant que tu vas demander à ton ami sorcier qui est dans l'autre pièce de revenir. Que lui seul est capable de voir les empreintes invisibles…
Pendant que tu parles, place ton pouce au bon endroit, sur le paquet de cartes qui te reste en main, en fonction de la carte que le spectateur a touchée juste avant (voir explication dans « ton secret de sorcier »).

7 Ton ami sorcier revient dans la salle, ainsi que le témoin qui l'accompagne. Demande au témoin de certifier à tout le monde que ton ami sorcier n'a rien pu entendre ou voir dans la pièce d'à côté…

8 Ton ami sorcier va jeter un discret coup d'œil à ta main, il sait maintenant quelle carte a été choisie… C'est l'heure de la révélation…

9 Pour que ce soit bien mystérieux, ton ami sorcier ne doit pas aller trop vite, il s'approche de la table, examine les cartes, fait mine de réfléchir, fait de grands gestes bizarres avec les bras comme pour lire dans l'air, etc.
Et enfin il annonce :

« Je vois, je vois, je vois l'empreinte invisible… Je pense que c'est cette carte qui a été désignée ! »

Et il lève la carte désignée pour la montrer à tout le monde ! Waouh c'est fort…

LES ASTUCES DE JOSETTE LA CHOUETTE

- Ce sortilège peut être présenté avec 9 cartes au lieu de 6, il faut s'entraîner un peu plus, mais le principe reste le même.
Faire choisir 9 cartes, les disposer en 3 rangées de 3 cartes. Mettre le pouce sur l'une des 9 positions, en fonction de la carte qui sera touchée par le spectateur.
- Pour varier, à la place des 12 cartes à découper à la fin du livre, tu peux utiliser :
12 cartes à jouer normales OU 12 cartes postales OU 12 petits livres de poche d'à peu près la même taille.
- Exceptionnellement, ce sortilège, s'il est bien présenté, peut être refait une deuxième fois de suite.

1

SORTILÈGE GRATTE-TÊTE DU PAPIER MUSCLÉ

Difficulté :

DANS TON CHAUDRON, IL TE FAUT :

- 3 verres simples ou verres à pied, tous identiques.
- 1 feuille de papier blanc neuve, format A4.
- 1 élastique de bureau.

Chers apprentis sorciers et sorcières, voici un sortilège à lancer pendant le traditionnel repas de famille.

2

LANCE TON SORTILÈGE !

1 Pose 2 verres sur la table, espacés entre eux d'environ 10 cm (pour repère, tu dois pouvoir poser ta main à plat, les doigts un peu écartés, entre les deux verres). Annonce que ces deux verres n'ont plus le droit d'être bougés.

1

2 Présente ensuite le troisième verre, la feuille de papier et l'élastique sur la table, et lance ton sortilège gratte-tête:

« Je voudrais que vous fassiez tenir ce verre en l'air, en équilibre entre les 2 autres... Vous n'avez le droit de vous aider que de cette feuille et de cet élastique. »

« Vous n'avez pas le droit de tenir le verre du milieu avec votre main, ça serait trop facile. Et ce verre ne doit pas toucher les 2 autres. »

3 Précise qu'il existe 3 solutions. Et que même si l'on remplit le verre avec de l'eau pour le rendre plus lourd, il tiendra encore en l'air... Si tu remplis effectivement le verre d'eau, pour rendre le défi plus rigolo, prends garde à ce que tes spectateurs n'inondent pas la table en faisant leurs essais !

4 Invite tous les volontaires à tester leurs idées de solutions... Laisse-les chercher un moment... Lorsqu'ils commencent à bien se gratter la tête, tu peux leur révéler les solutions, pas avant !

Solution ensorcelée :

Voici les 3 solutions... À expliquer dans l'ordre, je te prie, cher apprenti !

Solution 1

Le travail d'équipe : demande à 2 personnes de saisir chacune une extrémité de la feuille, de la placer au-dessus des deux autres verres, et de tendre fort cette feuille...

Puis pose délicatement le verre au centre de la feuille. Il tient en l'air et en équilibre entre les deux autres !

1

2

Solution 2

Sans les mains : fais un tube en roulant la feuille, puis bloque le tube en l'enroulant à sa base avec l'élastique (il faudra peut-être que tu fasses deux tours d'élastique). Place le rouleau entre les deux verres sur la table, puis pose le troisième verre dessus !
C'est fort, non ?

Solution 3

Encore plus magique : sans les mains et sans l'élastique !
Plie la feuille de papier, en éventail serré, dans le sens de la longueur, applique-toi pour que ton éventail soit bien régulier, les plis bien marqués.
Pose ensuite cet éventail sur les deux verres, ça fait comme une petite planche. Pose enfin le verre sur l'éventail, en l'air entre les deux autres verres... Défi accompli !

3

1

SORTILÈGE DES CRAYONS

Tu déchires un journal triste, et fais une boulette avec les morceaux. Mais en dépliant la boulette de journal, surprise, le journal triste est réparé, et il sourit !

Difficulté :

DANS TON CHAUDRON, IL TE FAUT :

- 2 feuilles de journal identiques ou qui se ressemblent.

Si tu trouves deux journaux identiques entiers, tu auras de quoi fabriquer plusieurs fois ce sortilège.

- 1 gros feutre noir.

- 1 compas ou une assiette pour tracer un cercle.

- Des crayons gris et des crayons de couleur (assez pour en distribuer à tous tes spectateurs).

- Du Scotch double face ou à défaut du Scotch simple.

Ton secret de sorcier

1) Découpe deux feuilles qui se ressembent dans le journal. Sur une des feuilles, dessine au feutre noir un bonhomme triste, sur l'autre un bonhomme qui sourit et tire la langue. Pour faire un cercle, utilise un compas ou pose une assiette sur la feuille de journal et fais-en le tour avec ton crayon.

1

2) Au dos de la feuille du bonhomme souriant, colle au centre un morceau de Scotch double face (si tu n'en as pas, utilise du Scotch simple en faisant un petit rouleau, le côté collant du Scotch vers l'extérieur).

2

3

3) Colle la feuille du bonhomme souriant dos à dos avec l'autre. Le Scotch se retrouve collé dans le quart inférieur droit du dos de la feuille bonhomme triste.

4b

4) Regroupe ensuite tous les bords de la feuille du bonhomme souriant. Puis écrase la feuille et serre la, de façon à former une boulette facilement dépliable. Laisse dépasser deux coins de feuille en haut de la boulette, pour avoir une prise facile pour le dépliage. C'est prêt.

4

1

LANCE TON SORTILÈGE !

1 Distribue à chacun de tes spectateurs un crayon gris ou de couleur. Demande-leur de le garder en main car le crayon va leur servir de baguette magique.

2 Puis dis :

« Je vous présente le sortilège des crayons. »

3 Présente ton journal triste à tes spectateurs, en le tenant comme ceci :

4 Déchire ensuite délicatement le journal en plusieurs morceaux, en partant du haut... Attention de ne pas tourner le journal afin qu'on ne voie pas la boulette cachée derrière.

3

4

5 Veille à ne pas déchirer autour de la boulette, afin qu'il reste un gros morceau qui la cache. Plaque tous les autres morceaux sur le dernier grand morceau cachant la boulette. Forme une boulette avec le tout, en repliant le dernier morceau par-dessus les autres afin de les enfermer. En procédant naturellement et rapidement, tes spectateurs ne voient rien et pensent seulement que tu fais une boulette.

Vu de profil (mais à ne pas montrer aux spectateurs), tu formes en réalité une deuxième boulette devant la boulette cachée... Ça donne ça :

5

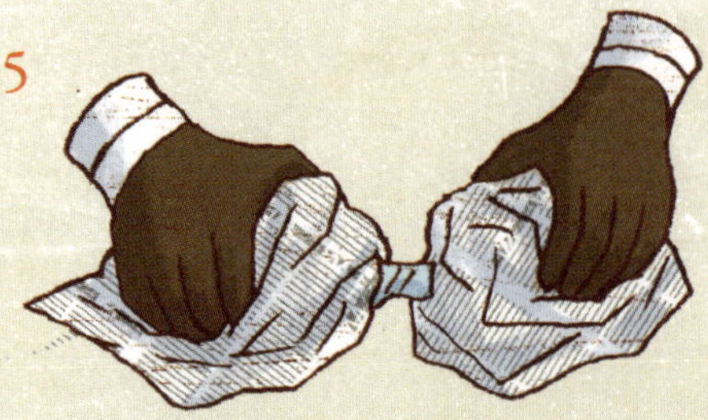

6 Mais en réalité, tu tiens le journal en main droite, la boulette vraiment déchirée sur le dessus, et l'autre cachée sur le dessous. Pose ta main gauche sur le journal. Et retourne tes deux mains ensemble comme ceci :

6

7 Tu as maintenant la boulette non déchirée sur le dessus. Demande à tous tes spectateurs de viser la boulette de journal avec leurs crayons, comme s'il s'agissait de baguettes magiques. Demande-leur de dessiner dans les airs, d'écrire des mots, des idées... Puis déplie la boulette non déchirée rapidement, en l'ouvrant grâce aux deux coins qui dépassent (que tu avais préparés auparavant).
Fais attention qu'on ne voie pas l'autre boulette attachée derrière.

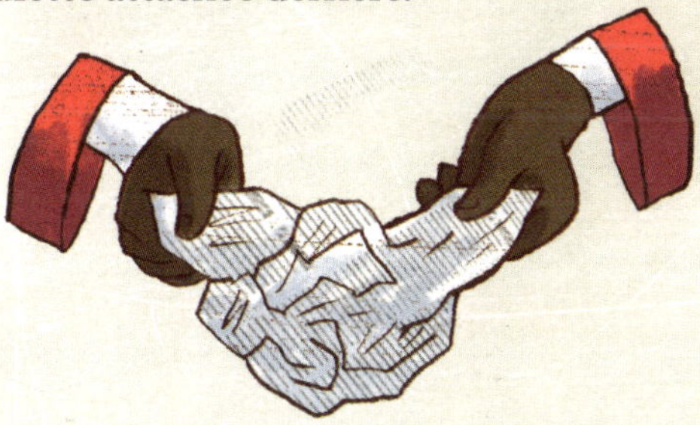

7

8 Lorsque ton journal est enfin déplié, regarde bien ton public dans les yeux, souris et n'oublie pas de tirer la langue.

LES ASTUCES DE JOSETTE LA CHOUETTE

À la place d'un bonhomme qui rit et d'un bonhomme qui pleure, tu peux imaginer d'autres dessins, ou même d'écrire des mots qui s'assemblent ou se transforment au dépliage. À toi d'imaginer ce que tu veux !
Lorsque tu prépares tes 2 feuilles de journal dans « ton secret de sorcier », tu peux en préparer plusieurs exemplaires d'un coup pour en avoir d'avance afin de présenter ton sortilège à de nombreuses occasions.

1

SORTILÈGE DU POUVOIR DES MOTS

Grâce à la puissance du mot « Magie » (et à un principe astucieux), tu pourras retrouver à coup sûr la carte à laquelle ton spectateur a pensé, alors qu'il ne t'avait rien dit.

Difficulté : 🎩🎩

DANS TON CHAUDRON, IL TE FAUT :

- 1 jeu de 32 ou 54 cartes.
- À réaliser sur 1 table.

Ton secret de sorcier

Voici un précieux conseil, du célèbre Robert-Houdin, pour soigner la présentation de tous tes sortilèges :

« Si vous vous énoncez lentement, le public jugeant à votre calme que vous prenez vous-même intérêt à ce que vous dites, subit votre influence et vous écoute avec une attention soutenue. Si au contraire vos paroles trahissent le désir de terminer promptement, vos auditeurs reçoivent le contrecoup de cette inquiétude, et il leur tarde, ainsi qu'à vous, de voir arriver la fin de votre discours. »

Cartes face en l'air

Cartes face en bas

LANCE TON SORTILÈGE !

1 Place-toi face à tes spectateurs, derrière la table.
Propose à un spectateur de mélanger le jeu de cartes puis de te le remettre.
Propose-lui ensuite de penser à un chiffre entre 1 et 12, sans te dire son chiffre.

1

2 Demande au spectateur de repérer la carte correspondante à son chiffre secret, parmi les 12 cartes que tu vas poser.
Pose une première carte sur la table, face en l'air, en comptant « une », puis pose une seconde carte, en allant vers le spectateur, en comptant « deux », et ainsi de suite jusqu'à douze, comme sur le dessin ci-dessous. Ne va pas trop vite.

Si le spectateur a choisi le chiffre 3 il doit mémoriser la dame de cœur.

2

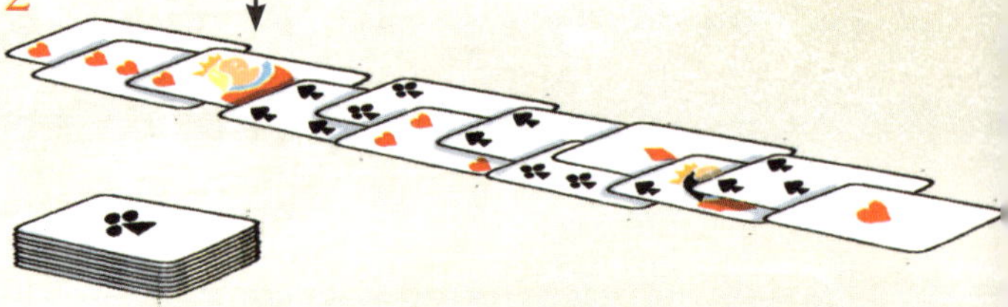

3 Reprends les 12 cartes sur la table sans les mélanger, retourne le paquet afin que les cartes soient face en bas. Puis pose ce paquet sur le paquet de cartes restantes.

4 Mets l'ensemble du paquet derrière ton dos, puis dis ceci :

« Je vais mélanger le jeu de cartes sans même le regarder ! Ce n'est pas si simple de ne pas tout faire tomber... »

4

En réalité, pendant que tu parles aux spectateurs, tu ne mélanges pas le jeu, mais tu passes les 5 cartes du dessous du jeu, sur le dessus du jeu (5 cartes comme les 5 lettres du mot Magie). Compte dans ta tête, une par une, les cartes du dessous du jeu, jusqu'à être sûr d'en avoir fait passer 5. Et fais du bruit avec les cartes, pour qu'on croie bien que tu les mélanges.

5 Maintenant tu vas faire croire aux spectateurs que tu as raté le sortilège, pour mieux le réussir ensuite.
Invite le spectateur à révéler le chiffre auquel il a pensé. Si le spectateur a pensé au chiffre 3, comme dans l'exemple pris plus haut :
- Tu poses 2 cartes sur la table face en bas, en partant du dessus du paquet, et tu retournes la troisième, face en l'air en disant :

« Tadam ! Voici ta carte ! »

5

Ton spectateur te dit alors que NON, ce n'est pas sa carte…
Fais mine alors d'être embêté.

« Tu es sûr, ce n'est pas ta carte ??? Ah, j'ai sûrement mélangé les cartes trop longtemps, comment vais-je la retrouver maintenant… ? »

Maintenant les spectateurs croient que la bonne carte est vraiment perdue, et ils n'ont plus de doutes sur le fait que tu as vraiment mélangé le jeu derrière ton dos.

6 C'est l'heure de la révélation finale :

« J'ai une idée ! J'ai encore une chance pour retrouver ta carte. Nous allons utiliser le pouvoir des mots… Le mot MAGIE est très puissant, et grâce à lui, je peux retrouver ta carte… »

Toujours en partant du dessus du paquet pose 4 cartes face en bas, la première carte en prononçant à voix haute la lettre « M », la seconde carte en disant « A », la troisième en disant « G », la quatrième carte « I »…
Et pour la cinquième et dernière carte, dis :
« Pour que le mot MAGIE soit complet, il ne faut pas oublier le E à la fin. »

Ce faisant, pose la cinquième carte sur la table, mais face en l'air, en disant « E ».
« EUHHHH , est-ce bien ta carte cette fois ? »

Le spectateur confirmera que c'est la bonne carte… et tout le monde sera bien étonné !

6

LES ASTUCES DE JOSETTE LA CHOUETTE

- Tu peux remplacer le mot MAGIE par un autre mot de 5 lettres de ton choix, le mot MAMAN par exemple, si tu réalises le sortilège pour ta mère.
- Cela peut être aussi un mot de 6 lettres ou 7 lettres, comme COUCOU ou SORCIER… Mais alors il faudra faire passer 6 cartes ou 7 cartes du dessous du paquet sur le dessus, en fonction du mot que tu choisis (voir étape 4 de « lance ton sortilège »).

2

SORTILÈGES DE RUBIS

2

SORTILÈGE D'HYPERVITESSE

Avec le sortilège d'hypervitesse,
un élastique se déplace à la vitesse de l'éclair.

Difficulté :

DANS TON CHAUDRON, IL TE FAUT :

- 1 élastique de bureau, assez petit, environ cette taille-là :

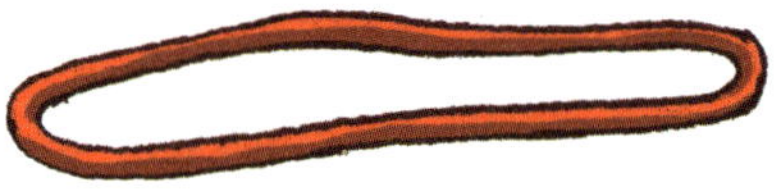

Avec une petite manipulation, l'élastique qui entoure ton index et ton majeur passera très très vite autour de ton annulaire et de ton auriculaire.

Ton secret de sorcier

1) Ton élastique est placé sur l'index et le majeur de ta main gauche, tire l'élastique vers le bas avec ta main droite, ça forme une sorte de petite grotte. Replie le bout de tes 4 doigts à l'intérieur de la grotte que tu as créée en tirant sur l'élastique... Attention le pouce reste à part. Voici 2 dessins, avec ta main paume vers le ciel, afin de t'aider à comprendre le geste à faire. Mais ne montre jamais ta main dans cette position aux spectateurs. Avec eux, tu devras toujours garder la main tournée paume vers le sol.

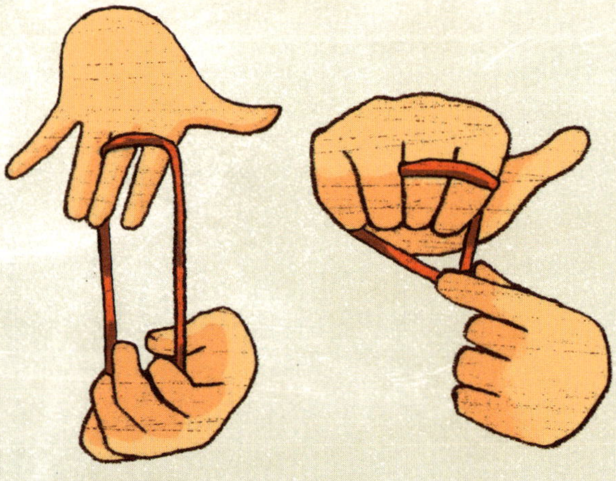

2) Garde le poing bien serré puis lâche délicatement l'élastique sur le bout de tes 4 doigts, à peu près sur tes ongles. Vue du dessus, la préparation secrète est invisible, on ne voit que l'élastique, coincé sur l'index et le majeur.

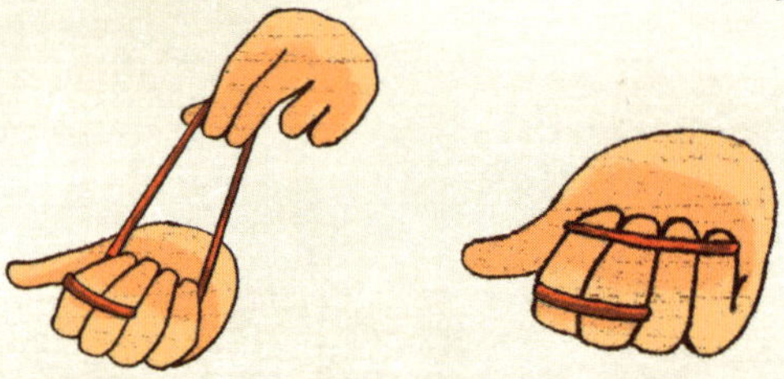

Quand ta main est tournée paume vers le sol, la préparation secrète est invisible, on ne voit que l'élastique, coincé sur l'index et le majeur, comme ça :

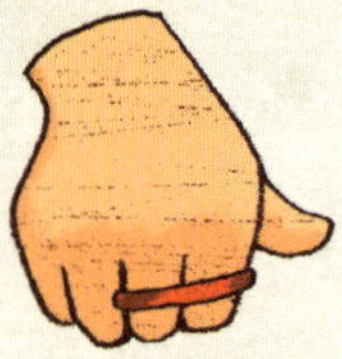

3) Ne retourne pas ta main devant tout le monde pour vérifier que c'est bien prêt, il faut t'entraîner seul avant.

Enfin déplie les doigts tout en les écartant un peu. L'élastique passe magiquement sur l'annulaire et l'auriculaire.

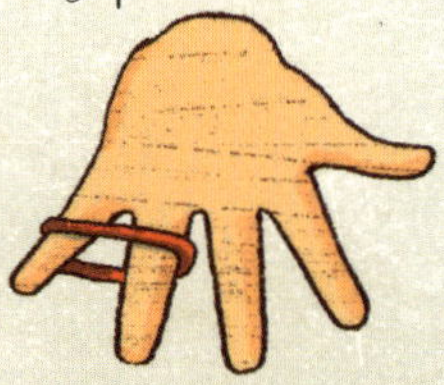

4) Au moment de déplier les doigts, ne gigote pas la main, seuls les doigts bougent... Écarte un peu les doigts tout en les dépliant, ça marche encore mieux.

LANCE TON SORTILÈGE !

1 Ta main est tournée vers le public, presque parallèle au sol, légèrement inclinée comme un avion qui amorce son atterrissage. Conserve cette position de main jusqu'à la fin… Tes doigts et ton autre main bougeront… mais la main de l'élastique doit rester quasi immobile.
Enfile ton élastique sur l'index et le majeur, la main tournée vers le public, en annonçant:

« Voyez ! Mon élastique est placé autour de l'index et du majeur… »
En même temps tire l'élastique de l'autre main, vers le bas, ça crée comme une petite grotte…

2 Poursuis :

« Cet élastique peut voyager très vite, grâce à un véhicule ultra rapide… »

Choisis quelqu'un dans ton auditoire et dis-lui :

« Imaginez que cet élastique chevauche un balai volant, le balai le plus rapide de la galaxie, d'accord… ? Vous allez choisir de quelle couleur est ce balai… Quelle couleur voulez-vous ? Rouge, bleu, jaune? »

3 Attention, c'est le moment de la préparation secrète ! Pendant que le spectateur réfléchit à la couleur du balai, il ne regarde plus ta main, et le reste du public regarde… le spectateur qui réfléchit !
Ça s'appelle un détournement d'attention ou, en langage magique, une misdirection…
Au nez et à la barbe de tous, replie tes doigts à l'intérieur de l'élastique (explication détaillée dans la rubrique « ton secret de sorcier »).

4 Le spectateur t'annonce la couleur qu'il a choisie, par exemple le rouge. Demande-lui de dire à voix haute :

« Élastique, va très vite, sur mon balai rouge et magique ! »

Ta main est déjà prête grâce à la préparation secrète, tu as le poing serré, dirigé vers les spectateurs…
Il faut canaliser de nouveau l'attention du public sur toi… Fais en sorte que tout le monde regarde ta main.

Puis lance le sortilège pointant ta main serrée avec l'autre main :

« Attention élastique… 1, 2, 3… Hypervitesse ! »

4

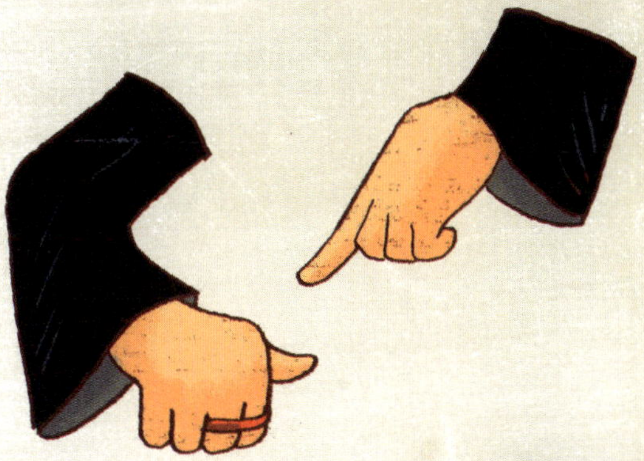

5 Au moment où tu dis
« Hypervitesse ! »
déplie les doigts rapidement : l'élastique passe sur l'annulaire et l'auriculaire.
Il va tellement vite que les yeux ne peuvent pas détecter le passage de doigts en doigts.
Fais constater à ton audience que l'élastique est passé à la vitesse de l'éclair, sur l'annulaire et l'auriculaire. Tadam !

5

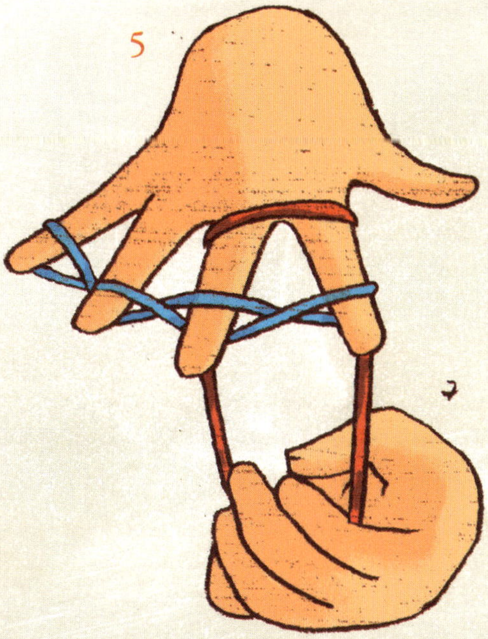

LES ASTUCES DE JOSETTE LA CHOUETTE

- Tu peux réaliser ce sortilège une deuxième fois avec la variante suivante : enfile le petit élastique autour de ton index et majeur, comme tout à l'heure dans l'étape 1. Puis ajoute un deuxième élastique de bureau, un peu plus grand que le premier, que tu entortilles autour du bout de tes 4 doigts (pas le pouce)… Et procède comme avant, jusqu'à l'étape 5.
- À toi d'inventer une présentation différente pour cette suite… Tu peux dire que tu vas réaliser un sortilège encore plus fort : l'élastique voyage non seulement en hypervitesse, mais en plus il traverse les obstacles… À condition de prononcer « Traverso » par exemple.

SORTILÈGE TROMBOFUSIONNE

Deux trombones fusionnent grâce à ton sortilège.

Tu glisseras 2 trombones sur un bout de plastique, bien éloignés l'un de l'autre. En tirant sur le plastique, les trombones s'enclavent magiquement.

Difficulté :

DANS TON CHAUDRON, IL TE FAUT :

- 2 trombones lisses (ceux qui sont crantés n'iront pas), les grands trombones sont préférables aux petits, ça fonctionne mieux.

- Du film plastique transparent qui sert à couvrir les livres (qualité robuste).

- En option : 1 trombone de plus et 2 élastiques de bureau d'au moins 12 cm de diamètre.

Ton secret de sorcier

Prépare une bande de film plastique mesurant environ 4 cm de large par 40 cm de long. Soigne ta présentation et entraîne-toi bien avant.

LANCE TON SORTILÈGE !

1

Présente le matériel à ton public :

« Voici une bande de plastique, et 2 trombones. »

Propose à qui veut d'inspecter ton matériel avant de commencer le sortilège puis ajoute :

« Je vais maintenant tenter un sortilège de fusion… »

2

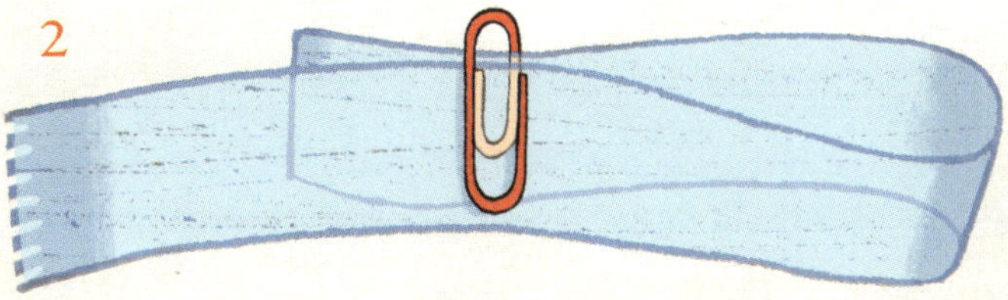

2

Placement du trombone 1:
Plie la bande vers la gauche et attache les 2 épaisseurs de plastique avec le trombone.
Le trombone est presque au centre, il attache l'épaisseur 1 + 2, mais il reste environ 1 cm qui dépasse de l'épaisseur 1 : ça fait une languette.
Et il reste une grande partie de l'épaisseur 2 qui n'est pas attachée ni doublée.

3

Placement du trombone 2 :
Replie maintenant l'épaisseur 2, vers la droite.
Cela forme une troisième épaisseur.
En résumé, tu as plié la bande de plastique en trois, en accordéon.
Glisse le deuxième trombone pour réunir l'épaisseur 2 et 3 de la bande de plastique.
La pointe du deuxième trombone doit être dans le même sens que celle du premier trombone.
1 cm dépasse de l'épaisseur 3 : cela fait une autre languette.

3

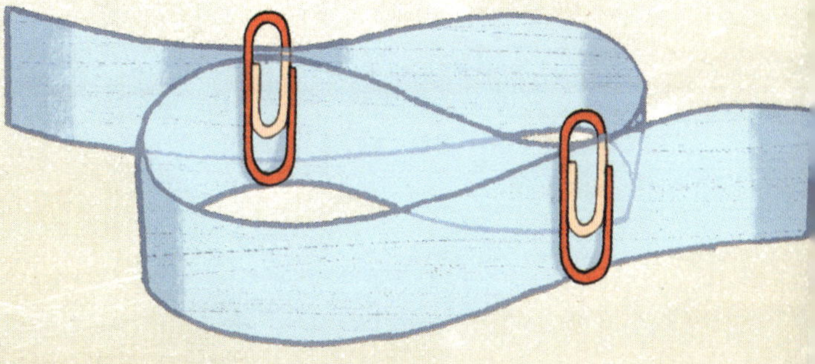

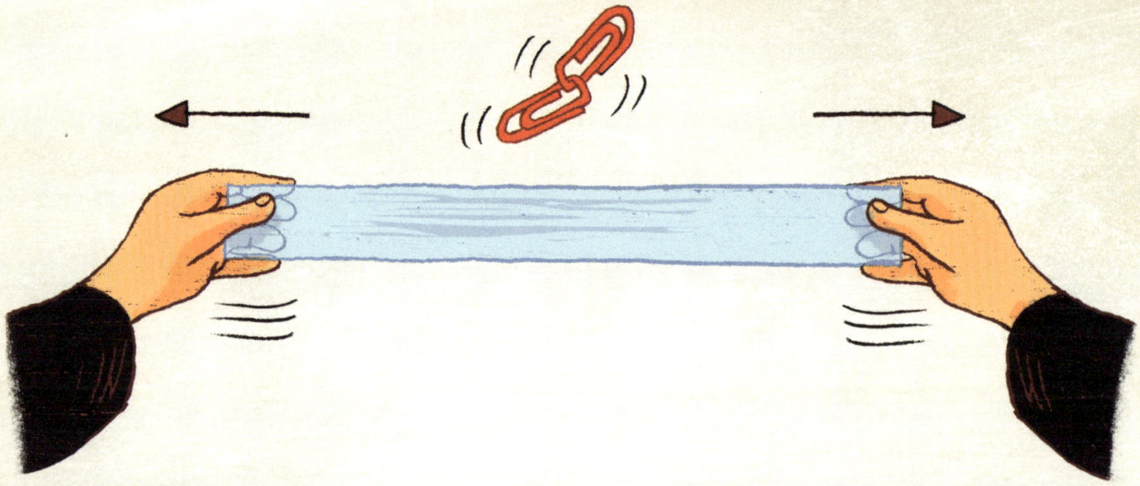

4 C'est parti pour la fusion !

Saisis chaque languette, d'une main, juste avec le pouce et l'index.
Tiens ta bande en accordéon bien droite, face à toi et aux yeux de ton public.
Adresse-toi au public :

« Les trombones sont éloignés l'un de l'autre comme vous pouvez le constater, mais attention... »

Tire sur les deux languettes d'un coup sec tout en lançant ton sortilège :

« **TROMBOFUSIONNE !** »

Les trombones vont sauter de la bande et s'enclaver...
Chiche de les rattraper en plein vol ?
Tends à tes spectateurs les 2 trombones, ils découvriront ébahis qu'ils sont bien attachés ensemble.

ENCORE PLUS FORT : LA SUPERFUSION !

La superfusion est une déclinaison de ce sortilège, à réaliser juste après les étapes précédentes pour aller encore plus loin. Il te faudra 3 trombones, ta bande de plastique et 2 élastiques de bureau.

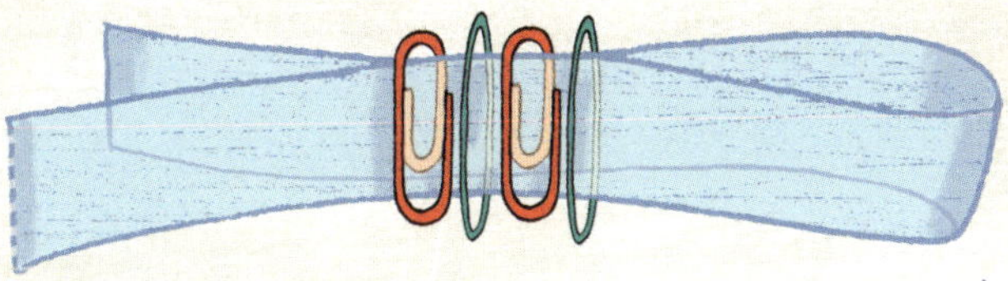

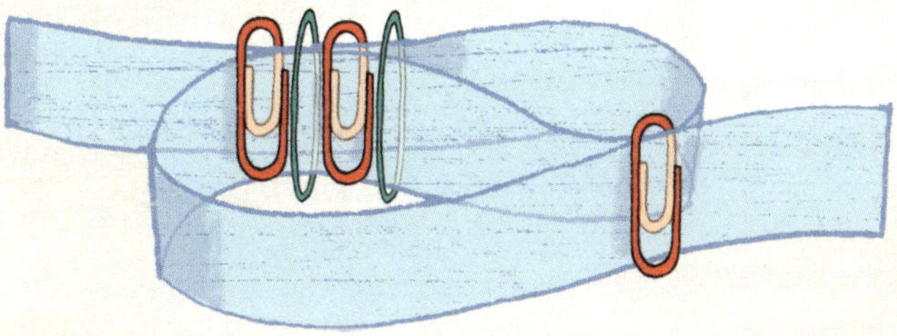

1 Recommence l'étape 1 de « lance ton sortilège » en plaçant le premier trombone.

2 Annonce au public que tu vas faire encore plus fort que tout à l'heure...
À côté du premier trombone, enfile un élastique, puis un autre trombone, encore un élastique, ces 4 objets attachent l'épaisseur 1 + 2.

3 Recommence l'étape 3, ton dernier trombone à enfiler s'enfile comme le trombone 2 de tout à l'heure, et il attache l'épaisseur 2+3 de la bande plastique.

4 Explique au public :

« Vous voyez, nous avons maintenant 3 trombones et 2 élastiques, positionnés les uns après les autres, sur ce bout de plastique. Attention... Super Trombofusionne ! »

Tout en disant cela, tire d'un coup sec sur les languettes. Les 3 trombones et les 2 élastiques sautent en l'air et s'enclavent tous ensemble.

LES ASTUCES DE JOSETTE LA CHOUETTE

- Tu peux désigner un copain pour t'assister dans le sortilège. Tu lui confies un seau, une corbeille ou une épuisette, et tu lui demandes d'essayer de rattraper les trombones en plein vol après la fusion.
- Si tu n'as pas de film plastique (couverture pour livre), tu peux utiliser une bande de papier calque ou de papier blanc à la place, mais ce sera moins bien, vu que le papier n'est pas transparent et est plus fragile.
- On trouve les grands trombones à la maison de la presse ou à la papeterie (en supermarché, les trombones vendus sont trop petits). La marque Maped® notamment en propose qui fonctionnent bien.
Tu peux aussi essayer avec deux anneaux de porte-clés à la place des trombones.

2

LE SORTILÈGE DE L'INFINI

Difficulté : 🎩🎩

DANS TON CHAUDRON, IL TE FAUT :

- 1 jeu de 54 cartes.
- 1 feuille de papier.
- 1 enveloppe.
- 1 crayon.

Grâce à un sortilège d'hypnose, lancé sur un spectateur, tu vas démontrer que bien que se croyant libre de ses choix, le spectateur agit exactement selon ta volonté.

Tu fais choisir librement à un spectateur son paquet de cartes préféré. Puis tu lui prouves, avec une prédiction inscrite sur une feuille de papier, que son choix était prévisible et manipulé.

Ton secret de sorcier

1) Fais deux paquets de cartes : le premier paquet contient uniquement les quatre 8 (8 de cœur, 8 de carreau, 8 de trèfle et 8 de pique). Le deuxième paquet contient 8 cartes variées, celles que tu veux.

2) Écris en grand et lisiblement, sur une feuille de papier : «Je vais t'hypnotiser et tu choisiras le paquet de 8. »
Tu dois ensuite plier le papier en 4 et le glisser dans une enveloppe que tu fermeras. Sur l'enveloppe, je propose d'écrire : « l'ordre du sorcier ».

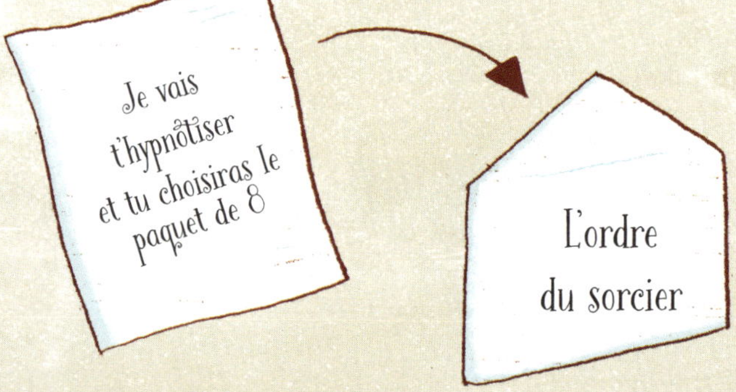

LANCE TON SORTILÈGE !

1 Commence ta présentation en t'adressant ainsi à tes spectateurs :

« Je vais tenter d'hypnotiser l'un d'entre vous... Qui est volontaire ? »

2 Continue en levant en l'air l'enveloppe pour la montrer à tout le monde...
Puis adresse-toi à ton spectateur volontaire :

« Dans cette enveloppe j'ai inscrit un ordre que je vais te transmettre, grâce à l'hypnose. Prends cette enveloppe afin que je ne puisse plus y toucher jusqu'à la fin de l'expérience. »

2

3 Pose ensuite les deux paquets de cartes sur la table. Attention, il faut bien te souvenir de la place du paquet des quatre 8.

3

4 Prends les deux mains de ton spectateur dans les tiennes et dis-lui :

« Regarde-moi dans les yeux, respire calmement, laisse-toi guider, tes mains sont lourdes, tu es de plus en plus détendu... »

Vos 4 mains assemblées dansent ensuite lentement en formant un 8 dans les airs.

Fais ce geste dans les airs plusieurs fois avec ton spectateur, sans le quitter des yeux. Et en même temps, prononce le sortilège d'une voix calme : « **INFINITO** » (tu peux le répéter plusieurs fois aussi si tu veux).

Lâche ensuite les mains de ton spectateur et annonce :
« C'est fait ! Le sortilège d'hypnose est lancé! Maintenant choisis s'il te plaît l'un des deux paquets. Montre-moi du doigt ton paquet préféré... »

4

2

Continue ensuite en montrant du doigt le paquet choisi.

« Tu as choisi librement ce paquet-ci, peux-tu le prendre et nous dire ce qu'il contient ? »

Ton spectateur va te répondre que le paquet contient tous les 8 du jeu.

« Je vais te prouver que j'ai influencé ton choix, grâce à mon sortilège d'hypnose... »

Demande maintenant à ton spectateur d'ouvrir l'enveloppe que tu lui as confiée au début et de lire à voix haute ce qui est écrit à l'intérieur. Et là, surprise ! Il lit : « Je vais t'hypnotiser et tu choisiras le paquet de 8. »

Si tu veux, ajoute :

« Tu vois, avec nos mains, nous avons fait un 8 dans les airs, comme le symbole de l'infini, comme le sortilège, Infinito... Et tu as suivi mon ordre à la lettre, en choisissant le paquet de 8. L'hypnose a fonctionné !... »

Bluffant non ? Voyons maintenant l'autre final, si le spectateur choisit le paquet contenant 8 cartes.

FINAL 1

Si ton spectateur choisit le paquet des quatre 8 :

Prends d'abord le paquet non choisi (celui qui contient 8 cartes), étale les cartes face en l'air, sur la table pour les montrer, en disant :

« Ce paquet contient des cartes quelconques, mais ce n'est pas le paquet que tu as choisi... »

Puis regroupe ce paquet, retourne les cartes face en bas, et ramène le paquet près de toi (afin d'éviter que ton spectateur soit tenté de le saisir et de compter les cartes).

FINAL 2

Si ton spectateur choisit le paquet qui contient 8 cartes :

Prends d'abord le paquet non choisi (celui qui contient les quatre 8).
Compte les cartes, une à une, en les posant sur la table face en bas...
Prends bien garde d'incliner un peu les cartes vers le bas quand tu les comptes, afin de ne pas dévoiler que ce sont uniquement des 8 de l'autre côté.

« Ce paquet contient 4 cartes, mais ce n'est pas celui que tu as choisi. »

Continue ensuite en montrant du doigt le paquet choisi.

« Tu as choisi l'autre paquet, peux-tu le prendre et compter le nombre de cartes qu'il contient, s'il te plaît ? »

Ton spectateur compte 8 cartes...

« Je vais te prouver que j'ai influencé ton choix, grâce à mon sortilège d'hypnose... »

Ton spectateur va maintenant ouvrir l'enveloppe que tu lui a confiée au début de l'expérience, et là, surprise ! Il lit :

« Je vais t'hypnotiser et tu choisiras le paquet de 8 »

LES ASTUCES DE JOSETTE LA CHOUETTE

- Évidemment il ne faut jamais faire ce tour deux fois à la même personne, sinon le sortilège ne fonctionne plus.
- Tu peux aussi faire ce sortilège en préparant un tas de 7 cartes quelconques et un tas de 4 cartes avec les quatre 7 du jeu, et ainsi de suite avec les 6 ou les 9 ou bien les 10. Il faudra ensuite écrire le bon message dans ton enveloppe en fonction des paquets de cartes que tu prépares !

SORTILÈGE DU TOURBILLON MAGIQUE

Une ficelle est attachée à tes poignets. Et lorsque tu tournes sur toi-même, un élastique traverse la ficelle et s'y retrouve enclavé.

La célèbre astuce qui consiste à cacher quelque chose dans sa manche... Un élastique en l'occurrence...

Difficulté :

DANS TON CHAUDRON, IL TE FAUT :

- 1 ficelle d'au moins 80 cm de long.
- 2 élastiques de bureau de la même couleur, d'environ 14 cm de rayon.

Ton secret de sorcier

1) Pour ce sortilège, il te faudra porter un vêtement à manches longues, avec au moins une poche.

2) La préparation secrète doit être effectuée à l'avance (pas dans la même pièce que ton public) : enfile un élastique sur l'un de tes poignets et descends bien ta manche par-dessus, de façon à ce qu'on ne le voie pas... L'élastique restera caché sous la manche jusqu'à l'instant crucial.

3) Cache l'élastique au poignet qui se trouve du même côté que la poche de ton vêtement. Ainsi la main opposée (qui n'aura pas d'élastique caché) pourra atteindre la poche facilement le moment venu.

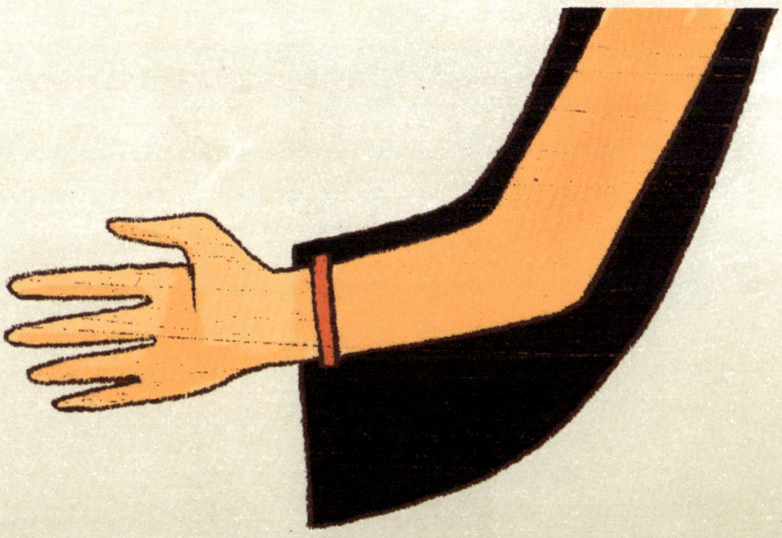

LANCE TON SORTILÈGE !

1 Ta préparation secrète est prête, maintenant présente la ficelle et l'élastique libre à ton auditoire et demande à un volontaire de te lier les poignets avec la ficelle.

2 Demande à ce même spectateur d'inspecter l'élastique et de te le donner. Tends-lui la main qui n'a pas l'élastique caché au poignet et saisis l'élastique.

3 Place tes coudes le long du corps, rapproche un peu tes poignets l'un de l'autre, tout en montrant l'élastique à tes spectateurs...

4 C'est à toi :

« Attention tourbillon magique ! »

et fais un tour sur toi-même tout en disant cela.
Pendant que tu tournes, tu es dos au public une partie du temps, c'est à ce moment-là qu'il faut faire glisser l'élastique caché au poignet, le long de la ficelle. Et de l'autre main, tu caches l'élastique libre dans ta poche.
Veille à garder tes coudes collés le long du corps, lorsque tu effectues ta manipulation. Ainsi, vu de dos, le public aura l'impression que tes mains ne font rien, tu ne fais que tourner sur toi-même, n'est-ce pas ?

5 Fais constater à ton audience que l'élastique a traversé la ficelle, et qu'il s'y retrouve enclavé, alors que tes poignets sont toujours attachés.

LES ASTUCES DE JOSETTE LA CHOUETTE

- Le tourbillon sur toi-même ne doit pas prendre plus de 2 secondes...
- Entraîne-toi bien avant ! Au moins 20 tourbillons magiques d'exercices avant de te lancer en public, promis ?
- Pour la ficelle, cela peut être : de la laine, de la cordelette à rideau, du fil à broder, de la ficelle de cuisine... On trouve tout ça en mercerie ou au supermarché.

2

SORTILÈGE PERCE-PATATE

Tu vas transpercer une patate à l'aide d'une paille que tu vas rendre aussi tranchante qu'un sabre de samouraï !

Difficulté :

DANS TON CHAUDRON, IL TE FAUT :

- 1 patate crue bien dure, pas trop épaisse si possible (2-3 cm d'épaisseur).
- 2 ou 3 pailles à boire non flexibles (si une partie de la paille est flexible, coupe-la au préalable avec des ciseaux).

Principe scientimagique :

En bouchant une extrémité de la paille avec l'index, l'air ne s'échappe plus. Quand la paille percute la patate, l'autre extrémité se bouche avec le morceau de patate qui entre dedans. L'air se retrouve piégé à l'intérieur, et plus la paille s'enfonce, plus la pression de l'air qui se trouve dans la paille augmente. Cette augmentation de la pression de l'air rend ta paille très solide.

LANCE TON SORTILÈGE !

1 Montre à tes amis qu'en essayant d'enfoncer une paille dans la patate, la paille se tord, c'est normal , une paille c'est mou. Tiens bien la paille comme sur le dessin.

2 Prends une paille neuve... Annonce que tu vas lancer un sort à cette paille, pour qu'elle devienne aussi tranchante qu'un sabre de samouraï.

3 Bouche une des extrémités de la paille avec l' index.

4 Ta patate doit être tenue fermement avec les doigts, pas dans ta paume, pour ne pas te faire mal. Tu peux aussi poser la patate sur une table si c'est plus facile pour toi.
Lance ton incantation en regardant ta paille :

« Perce-patate, que cette paille épate... »

5 Fais attention à la main qui tient, et plante la paille d'un coup sec dans la patate. Elle est transpercée. Bravo sorcier-samouraï !

LES ASTUCES DE JOSETTE LA CHOUETTE

- Tu peux réaliser ce sortilège avec une pomme ou une courgette... La pomme est trop épaisse pour être complètement transpercée, mais la paille se plantera tout de même bien dedans.
- Il faudra peut-être faire plusieurs essais avant d'y arriver, mais avec de l'entraînement, tu transperceras les patates aussi bien que sur le dessin !

SORTILÈGE DU DOIGT MUSCLÉ

Difficulté :

DANS TON CHAUDRON, IL TE FAUT :

- 1 chaise.

Tu vas ensorceler ton doigt afin d'être capable d'immobiliser un spectateur, même si c'est un gros costaud !

LANCE TON SORTILÈGE !

1 Choisis parmi tes spectateurs un volontaire costaud. Demande-lui de s'asseoir sur la chaise, en se tenant bien droit, le dos décollé du dossier de la chaise, les jambes décroisées, les pieds posés bien au sol, et les mains posées sur les genoux (cette position doit être bien respectée).

2 Demande à ton volontaire de se relever sans s'aider de ses bras, et sans décoller les mains des genoux... Il y arrive sans problème.

3 Demande-lui maintenant de s'asseoir de nouveau dans la même position. Place ton index au milieu de son front (pas trop près des yeux, afin que ton doigt ne glisse pas dans un œil). Tu es debout, les pieds légèrement écartés, bien stable.

4 Annonce que tu vas ensorceler ton doigt et prononce solennellement le sortilège :

« Petit doigt musclé, ce costaud tu vas bloquer ! »

5 Appuie avec ton index sur son front pour résister et demande à ton volontaire de se relever de nouveau, sans s'aider des bras et des mains... Il aura beau essayer, ton doigt musclé l'en empêchera à coup sûr. Ton volontaire sera incapable de se relever !

Principe scientimagique :

Ce sortilège utilise le principe du centre de gravité, ou point d'équilibre. En appuyant ton doigt sur le front de ton spectateur, tu l'empêches de se pencher en avant. Or il a besoin de se pencher en avant pour se relever de la chaise, afin de déplacer son centre de gravité pour trouver un autre point d'équilibre en position debout... S'il ne peut plus se pencher, il ne peut plus se lever...

SORTILÈGE DES MENOTTES LINOTTES

Tu tiens une ficelle, ton spectateur une autre. Ensemble vous faites une succession identique de gestes. Lors du dernier geste, un nœud se forme sur ta ficelle tandis que celle de ton spectateur reste dénouée.

Difficulté :

DANS TON CHAUDRON, IL TE FAUT :

- 2 ficelles d'environ 1 m chacune.

Ton secret de sorcier

1) En apparence, ton spectateur et toi effectuez la même série de mouvements avec vos ficelles. Mais en réalité, tu vas réaliser un mouvement différent de celui que tu montres à ton spectateur, à l'étape 7 de « lance ton sortilège ». Bien réalisé, c'est imperceptible. Personne ne comprendra pourquoi tu formes un nœud sur ta ficelle alors que ton spectateur n'y parvient pas.

2) Entraîne-toi suffisamment, seul devant un miroir, avant de présenter ce sortilège en public.

LANCE TON SORTILÈGE !

1 Choisis un spectateur volontaire et placez-vous côte à côte, face au public. Présente les 2 bouts de ficelle et demande-lui de choisir le sien.

2 Vous saisissez la ficelle, une extrémité dans chaque main.

3 Explique au spectateur qu'à partir de maintenant, vous n'allez jamais lâcher les extrémités de la ficelle, et que vous allez réaliser ensemble une série de mouvements. Il doit t'imiter en tout point. Va doucement, et vérifie au fur et à mesure que ton spectateur fait bien la même chose que toi.

4 La main droite passe au-dessus du bras gauche, puis redescend en passant devant lui, cela forme comme une petite croix sous le bras

5 La main droite passe derrière la croix, puis entre dans la partie basse de la croix formée par la ficelle.

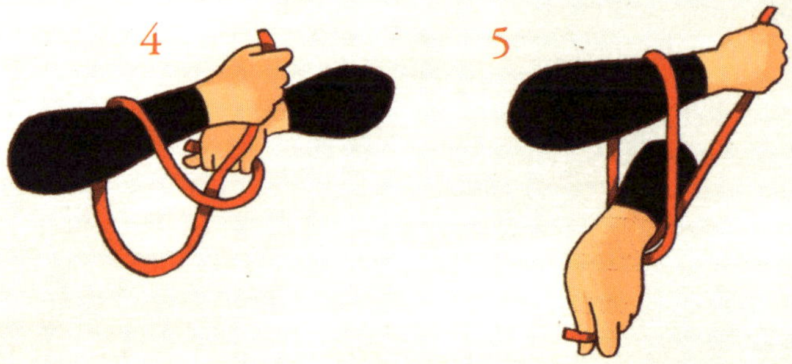

La main droite fait ensuite marche arrière, et repasse dans la croix, cette fois-ci dans la partie haute… Cela forme comme des menottes entortillées au bout des poignets.

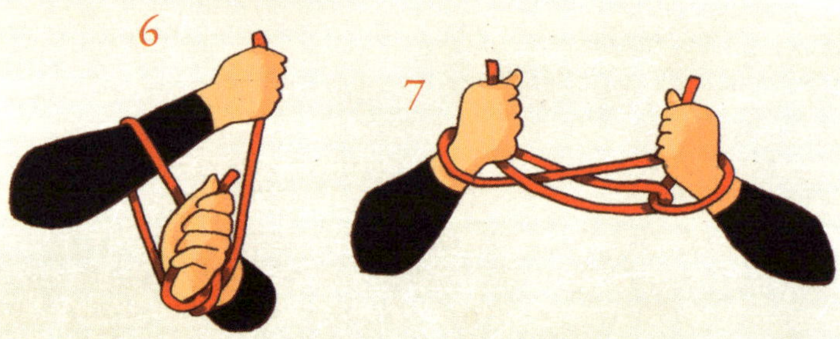

6 Annonce:

❝ Voyez, nos ficelles forment comme des menottes autour de nos mains… ❞

Vérifie que ton spectateur a bien la même position que toi, puis ajoute :

❝ De bonnes menottes ne relâchent pas leur prisonnier, et lorsque nous basculerons nos poignets pour tenter l'évasion, les menottes vont former un nœud sur la ficelle, pour immobiliser le prisonnier. ❞

7 Explique maintenant que tu vas ensorceler les menottes de ton spectateur afin de les empêcher de faire leur travail. Regarde sa ficelle et prononce le sortilège :

« Menottes, tête de linotte ! »

Explique à ton spectateur que tu vas compter jusqu'à 3, et qu'il faudra basculer les poignets vers l'avant afin de se libérer des menottes, le tout sans lâcher les extrémités de la ficelle.

« 1, 2, 3 »

C'est le moment décisif

Tandis que ton spectateur bascule ses poignets normalement, sans lâcher les bouts, toi, tu vas lâcher une extrémité de la ficelle, et la rattraper à un autre endroit, sans que personne ne le voie.
Voici le mouvement : tes mains s'inclinent vers le bas, tu tiens toujours les bouts. Mais en basculant, ouvre les 4 doigts de la main droite (le pouce ne bouge pas). Ouvre légèrement les 4 doigts de la main droite (le pouce ne bouge pas).
Le bout de la corde est coincé dans la pince du pouce et de l'index, mais avec tes 4 doigts entrouverts, tu vas saisir la corde à l'endroit indiqué sur le dessin, puis lâcher le bout que tu tenais avant entre la pince du pouce et de l'index. Ce lâchage et reprise de la corde doivent se faire pendant la bascule des poignets.

Quand ta ficelle a bien glissé à l'extérieur de tes mains, écarte-les l'une de l'autre, un nœud s'est formé sur ta ficelle, et pas sur celle de ton spectateur !

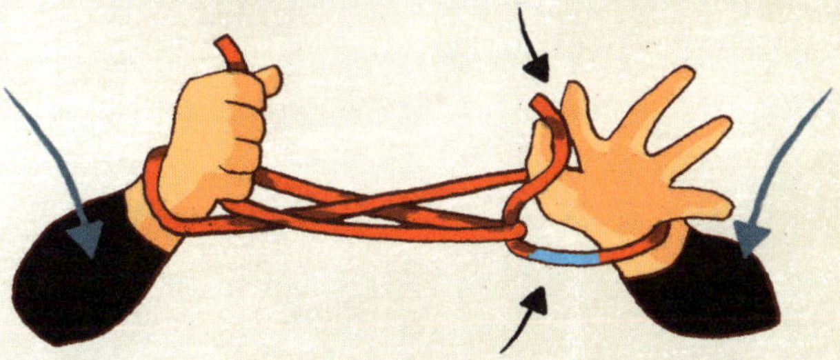

8 Explique à ton spectateur et à l'auditoire :

« J'ai ensorcelé vos menottes pour qu'elles ne fassent pas leur travail. C'est pour ça qu'il n'y a pas de nœud sur votre ficelle, vos menottes sont de vraies têtes de linotte, elles vous ont laissé vous échapper. »

Fais applaudir ton spectateur qui a réussi cette belle évasion...

LES ASTUCES DE JOSETTE LA CHOUETTE

- Ce sortilège peut se réaliser plusieurs fois de suite si tu veux, ton public n'y verra que du feu.
- La ficelle idéale est de la corde en coton assez épaisse. Mais de la cordelette à rideau ou de la laine conviennent aussi.
- L'expression « tête de linotte » veut dire être distrait, pas attentif. Cela vient du nom d'un oiseau, la linotte, qui a la réputation d'être étourdie.

SORTILÈGE GRATTE-TÊTE DU NŒUD

Difficulté :

DANS TON CHAUDRON, IL TE FAUT :

- 1 ficelle d'au moins 80 cm.

Comment faire un nœud à une ficelle, tout en maintenant chaque extrémité de la ficelle avec les mains, le tout sans lâcher les extrémités ?

LANCE TON SORTILÈGE !

1 Propose à un volontaire de résoudre ton défi… Tends-lui la ficelle et demande :

« Chacune de vos mains doit tenir une extrémité de la ficelle. Et sans lâcher ces extrémités, vous devez faire un nœud… Y parviendrez-vous ? »

2 Laisse ton volontaire chercher un moment, demande si d'autres volontaires veulent essayer. Prends ton temps avant de dévoiler la solution, ton entourage va à coup sûr se gratter la tête !

Solution ensorcelée :

1) Pose la ficelle devant toi, au sol ou sur une table.

2) Croise les bras, une main dessus, l'autre main dessous. Saisis chaque extrémité de la corde avec une main, en gardant bien ta position bras croisés.

3) Tu n'as plus qu'à décroiser les bras lentement sans lâcher la ficelle, le nœud se forme tout seul.

1

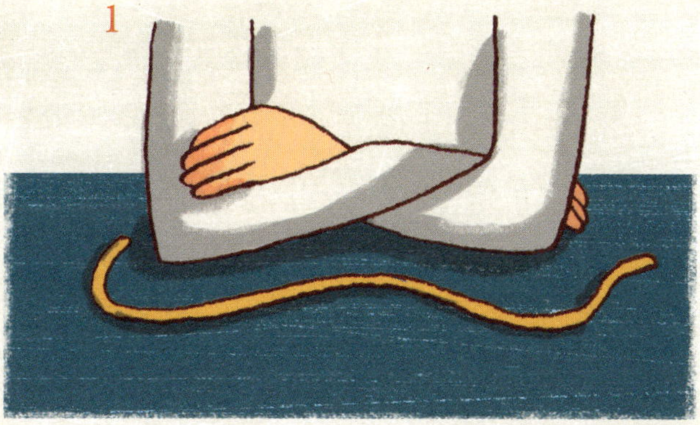

2

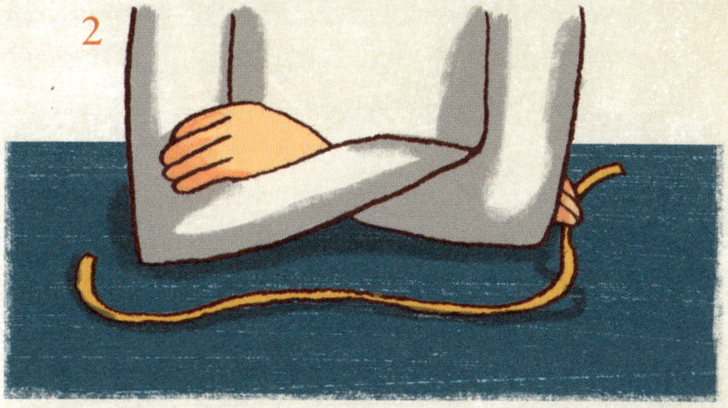

3

4

5

LES ASTUCES DE JOSETTE LA CHOUETTE

- Comme ficelle tu peux utiliser de la cordelette à rideau (en mercerie), de la cordelette de déménagement (au rayon bricolage), un fil de laine (en mercerie).
- Si tu n'as pas de ficelle, tu peux utiliser, en dépannage, la ceinture d'un peignoir...

3

SORTILÈGES D'AMÉTHYSTE

3

SORTILÈGE MACARONI

Par la force des nombres magiques,
tu pourras lire dans les esprits et deviner ce qui est caché.

Difficulté : 3 sur 3

DANS TON CHAUDRON, IL TE FAUT :

- 20 macaronis mis dans un verre transparent.

Deux spectateurs choisissent un certain nombre de macaronis et les cachent. Avec un simple calcul, tu devineras combien ils en ont.

Principe scientimagique :

- Lorsque le premier spectateur prend entre 1 et 10 macaronis, il en reste forcement entre 19 et 10 sur la table... Tous les nombres entre 10 et 19 sont magiques.

- Si tu soustrais un de ces nombres avec la somme de ces deux chiffres, le résultat est toujours 9.

- Exemple : le premier spectateur a pris 4 macaronis. Il en reste donc 16 sur la table. Avec le nombre 16, on fait 1+6 = 7. Puis on soustrait le chiffre 7 au nombre 16, 16-7 =9. Essaie avec d'autres exemples, si l'on prend 3 macaronis, ou bien si l'on en prend 6... Tu verras qu'il restera toujours 9 macaronis !

Ton secret de sorcier

1) Ton premier spectateur aura toujours 11 macaronis dans la main...

2) Pour savoir combien de macaronis a en main ton second spectateur, tu feras ce calcul:
9 - le nombre de macaronis restant sur la table (que tu auras comptés discrètement des yeux juste avant).
Exemple : tu as compté qu'il reste 4 macaronis sur la table, tu soustrais le chiffre 4 au chiffre 9, donc 9-4= 5. Tu sais qu'il y a 5 macaronis dans la main du second spectateur !

3) Cher apprenti sorcier, concentre-toi bien sur la partie « lance ton sortilège » ! Il faut guider efficacement tes spectateurs car s'ils se trompent dans leurs calculs, le sortilège échoue.

3

LANCE TON SORTILÈGE !

1 Pose le verre de macaronis sur la table, explique qu'il s'agit de macaronis ensorcelés, et demande à deux volontaires dans ton assistance de te rejoindre.

2 Commence à t'adresser ainsi au premier spectateur :

« Je vous demande de prendre entre 1 et 10 macaronis dans ce verre et de les cacher dans votre main… Mais juste avant, je me retourne et ferme les yeux, pour ne rien voir… Est-ce fait ? Avez-vous pris entre 1 et 10 macaronis ? Oui ?… Parfait. »

3 « Comptez le nombre de macaronis restant en les renversant sur la table pour que ce soit plus facile… Additionnez les 2 chiffres du nombre que vous obtenez… Par exemple, s'il reste 15 macaronis sur la table, additionnez le chiffre 1 et le 5 qui le composent… Cela donne : 1+5= 6… Avez vous compris ? »

Si ton spectateur n'a pas compris, réexplique doucement et donne un autre exemple.

4 « Maintenant que vous avez obtenu un résultat, prenez le nombre de macaronis correspondants sur la table et mettez-les dans votre main, cachés avec les autres. Par exemple, si votre résultat est 6, vous remettez encore 6 nouveaux macaronis dans votre main, avec les autres. »

5 Ensuite, adresse-toi à ton deuxième spectateur :

« À votre tour… Vous n'avez pas encore de macaronis dans votre main. Prenez-en autant que vous voulez parmi ceux qui restent sur la table, et cachez-les dans votre main… C'est fait ? Je peux me retourner ? »

6 Regarde tes spectateurs très intensément dans les yeux, comme si tu voulais lire dans leur esprit et récite ce sortilège :

« Macaronis ensorcelés, dévoilez-moi les choses cachées. »

7 C'est l'heure de la révélation, adresse-toi au premier spectateur :

« Je pense qu'il y a 11 macaronis dans votre main ! »

Invite-le à les poser sur la table, et à les compter. Magie, ça correspond.
Puis adresse-toi au second spectateur, et grâce à la soustraction (9 – le nombre de macaronis qui restaient sur la table quand tu les as comptés), dis-lui le nombre de macaronis qu'il tient dans sa main. Et de la même manière, demande-lui d'ouvrir la main et de compter les macaronis qu'elle contient devant tout le monde, pour vérifier que tu as vu juste.

LES ASTUCES DE JOSETTE LA CHOUETTE

- Ce sortilège marche aussi avec des coquillettes ou autres objets identiques et de taille réduite comme des pièces de 1 centime, des boutons de chemise, etc.
- Si tu as un troisième spectateur, ou un complice qui peut vérifier que les deux spectateurs ne se trompent pas dans leurs calculs, c'est encore mieux.

3 SORTILÈGE DE DISPERSION DES FORCES DU MAL

Ce sortilège puissant disperse les forces du mal, agglutinées dans l'eau, alors qu'elles ont tenté d'attaquer un de tes spectateurs !

Difficulté :

DANS TON CHAUDRON, IL TE FAUT :

- 1 grand bol ou 1 saladier de couleur claire.
- De l'eau.
- Du poivre noir moulu fin.
- Du liquide vaisselle de couleur transparente.

Grâce à un procédé scientifique, le sorcier va déplacer et disperser au bord d'un saladier des grains de poivre présents en masse en son centre.

Ton secret de sorcier

- Présente le saladier rempli d'eau à tes spectateurs.
- Saupoudre ensuite du poivre dans le saladier (au moins une centaine de grains de poivre).
- Si tu mets secrètement une goutte de produit vaisselle transparent au bout de ton doigt, les grains de poivre fuiront sur les bords quand tu le plongeras dedans.
- Une toute petite goutte suffit, ainsi on ne la remarquera pas au bout de ton doigt.

Principe scientimagique :

L'eau est composée de particules minuscules qui s'attirent les unes les autres. Avec cette attraction, la surface de l'eau forme comme une fine peau tendue, capable de faire flotter des objets légers, comme les grains de poivre. Lorsque la goutte de produit vaisselle touche l'eau, la fine peau est rompue, c'est une réaction chimique. Et les grains de poivre sont attirés sur les bords du saladier. La science et la magie sont amies.

LANCE TON SORTILÈGE !

1 Un saladier rempli d'eau est posé sur la table devant ton audience, tu y saupoudres beaucoup de poivre.
Commence ta présentation en t'adressant ainsi à tes spectateurs :

« Regardez ce saladier. Le poivre noir, qui flotte à la surface de l'eau, représente les forces du mal ! »

2 « Si vous plongez le doigt dans l'eau, les forces du mal vont essayer de vous le manger ! »

Puis demande à un de tes spectateurs de se porter volontaire pour plonger son doigt dans l'eau. Effectivement le doigt ressort couvert de poivre…
Tu peux ensuite t'exclamer :

« Vous voyez , le poivre s'est agglutiné sur son doigt, les forces du mal essaient de le dévorer ! »

3 « Mais les forces du mal vont avoir peur de moi ! Il suffit de les ensorceler… »

Lance ensuite la formule magique d'une voix forte et solennelle :

« **DISPERSIO** »

LES ASTUCES DE JOSETTE LA CHOUETTE

À la place de ton doigt, tu peux plonger une baguette magique dans le saladier (dans ce cas, n'oublie pas de mettre une goutte de produit vaisselle au bout de la baguette).

3 SORTILÈGE DES TÉLÉPATHES TOLKI ET WOLKI

Sortilège pour 2 sorciers

Ton copain sorcier et toi ferez démonstration de vos pouvoirs de télépathes, à l'aide d'un dessin rigolo.

Difficulté : 🎩🎩🎩

DANS TON CHAUDRON, IL TE FAUT :

- Le dessin ensorcelé que tu découperas à la fin du livre, page 86-87.
- Une chaise.
- Un copain sorcier qui va apprendre et présenter le sortilège avec toi.

Ton secret de sorcier

1) Pour ce sortilège, ton complice et toi allez utiliser un dessin qui a un code secret, indétectable.

2) Il y a deux rôles à jouer, Tolki et Wolki. Vous devez d'abord décider qui joue qui. Tolki est l'émetteur, celui qui voit tout, présente le sortilège aux spectateurs, puis transmet le code secret, sans parler à Wolki. Wolki est le récepteur. Il ne peut rien voir, mais grâce à un code secret silencieux, il sera celui qui devine et fait la révélation finale.

3) Pendant que Wolki est sorti de la pièce, Tolki va montrer le dessin rigolo aux spectateurs, leur raconter une histoire, puis demander à un volontaire de pointer du doigt un personnage ou un objet de son choix, sur le dessin, de manière à ce que tout le monde voie, mais en silence.

4) Ensuite on demande à Wolki de revenir dans la pièce. Tolki est assis sur la chaise, il a les yeux fermés, il a la bouche fermée.
Wolki se place derrière Tolki, debout, et plaque ses mains de chaque côté de la tête de Tolki, à peu près au milieu des joues, de façon à sentir les dents se serrer sous les joues. Il faut s'entraîner un peu à deux de façon à trouver la bonne position de mains pour que Wolki sente quand Tolki serre les dents.

5) Sans rien dire, Tolki va serrer les dents un certain nombre de fois. C'est le code. Cela ne se voit pas mais Wolki pourra sentir le nombre de fois où Tolki serre les dents, puisqu'il a les mains plaquées sur ses joues. Il va compter le nombre de fois où Tolki serre les dents. Ainsi de façon indétectable, Tolki a indiqué à Wolki quel est le personnage ou l'objet qui a été touché.

6) Et maintenant voici le code, que ton complice et toi devez tous les deux mémoriser :
Si le spectateur a pointé l'Arbre, Tolki serre une seule fois les dents. Si le spectateur a pointé le Balai, Tolki serre 2 fois les dents... et ainsi de suite comme indiqué sur le dessin ci-dessous. Attention !!! S'il faut serrer plusieurs fois les dents, le faire lentement, en espaçant chaque serrage de dents, de manière à ce que Wolki puisse compter facilement.

Il y a un moyen mnémotechnique simple pour retenir le code secret :

l'**Arbre** commence par **A** = 1re lettre de l'alphabet = Tolki serre les dents 1 fois

le **Balai** commence par **B** = 2e lettre de l'alphabet = Tolki serre les dents 2 fois

la **Chouette** commence par **C** = 3e lettre de l'alphabet = 3 fois

le **Dragon** commence par **D** = 4e lettre de l'alphabet = 4 fois

l'**Étoile** commence par **E** = 5e lettre de l'alphabet = 5 fois

Le **Fond** commence par **F** = 6e lettre de l'alphabet = 6 fois
(si ton spectateur pointe le fond du dessin sans désigner aucun des personnages ni objets, ce qui n'arrivera pas souvent).

3

LANCE TON SORTILÈGE !

1 Ton complice et toi devez d'abord présenter ensemble le dessin ensorcelé aux spectateurs :

« Vous voyez cette image ? Josette la chouette s'élance dans les airs pour poursuivre le dragon… Le dragon vient de voler l'étoile magique. Josette la chouette veut la lui reprendre, car cette étoile est très précieuse. Si deux sorciers la touchent en même temps, ils deviennent de vrais télépathes, comme des talkies-walkies ! »

« Nous avons tous les deux touché l'étoile magique la semaine dernière. Et depuis, nous parvenons à nous envoyer des images, par la seule pensée. Vous pouvez d'ailleurs nous appeler Tolki et Wolki. »

En vous désignant l'un l'autre :

« Lui c'est Tolki, moi c'est Wolki. Nous allons vous faire une démonstration de nos pouvoirs de télépathie. »

2 Tolki dit :

« Wolki va sortir de la pièce afin de ne rien pouvoir voir ou entendre. »

Proposez à un volontaire d'accompagner Wolki, pour vérifier qu'il n'écoute pas et ne regarde pas derrière la porte.

3 Tolki demande à un volontaire de pointer du doigt, en silence, un personnage ou un objet de son choix, sur le dessin, de manière à ce que tout le monde voie. Une fois que c'est fait, Tolki s'assoit sur la chaise, il demande à ce qu'on fasse entrer Wolki et annonce qu'à partir de maintenant, il ne parle plus. Ce faisant, Tolki ferme les yeux.

4 Wolki entre, se place derrière Tolki, debout, et plaque ses mains de chaque côté de la tête, comme expliqué dans « ton secret de sorcier »... Tolki lui transmet quel objet ou personnage a été touché, en serrant les dents un certain nombre de fois, comme expliqué dans « ton secret de sorcier ».

5 Si Wolki a senti, par exemple, 3 contractions de dents, il sait que c'est la chouette qui a été pointée sur le dessin. Il va faire sa révélation finale doucement et si possible avec un ton mystérieux. Il pourrait dire ceci :

« Ça y est, je vois une image, mais c'est flou... Ça bouge, des ailes, oui je vois des ailes, des plumes ! Je sais, vous avez montré la chouette ! »

À vous d'inventer une révélation mystérieuse et rigolote pour les autres objets et personnages.

LES ASTUCES DE JOSETTE LA CHOUETTE

- Il faut s'entraîner à contracter les dents sans bouger la bouche. Cela peut se faire devant le miroir seul, et aussi les yeux fermés devant ton complice qui contrôle que ta bouche ne bouge pas. 3 minutes d'entraînement au moins, promis ?
- Si Wolki ne réussit pas du premier coup à compter le nombre de contractions de dents, il peut faire comprendre à Tolki qu'il faut recommencer du début, en disant par exemple : « Enfin, Tolki, arrête de penser au cadeau que tu veux pour ton anniversaire, ça brouille les images que je perçois ! Peux-tu te concentrer je te prie. » Et là Tolki sait qu'il doit recommencer à serrer les dents, le nombre de fois qu'il faut.

3

SORTILÈGE DU MAÎTRE DE L'EAU

Grâce à une passoire ensorcelée, tu vas stopper l'eau qui coule ! Ça marche tout seul, c'est la magie de la science.

Difficulté :

DANS TON CHAUDRON, IL TE FAUT :

- 1 petite bouteille d'eau bien remplie (ou à défaut, une grande bouteille remplie à moitié, mais ça marche moins bien...).
- 1 passoire très fine (passoire à tisane par exemple).
- En option, 1 grand saladier.

Ton secret de sorcier

Il faudra plaquer le goulot de la bouteille sur la passoire, et retourner le tout d'un seul coup, en appuyant pour que le goulot reste bien collé à la passoire. Si tu respectes ces étapes, l'eau ne coulera pas à travers la passoire, qui est pourtant percée de centaines de petits trous. Pour que le sortilège soit réussi, soigne bien ta présentation.

LANCE TON SORTILÈGE !

1 Place-toi au-dessus d'un grand saladier, ou d'un évier, et présente la bouteille remplie ainsi que la passoire au public. Verse un peu d'eau à travers la passoire : elle coule à travers, rien de plus normal.
Tout le monde constate que ton matériel n'est pas truqué: de la vraie eau, une vraie bouteille, une vraie passoire.

2 Explique à ton public que tu vas ensorceler cette passoire :

« Sortilège du maître de l'eau, transforme cette passoire en barrage ! »

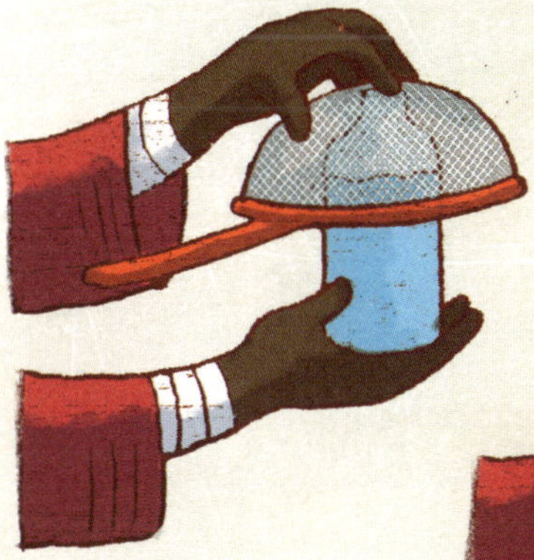

3 Plaque ensuite le goulot de la bouteille sur la passoire et retourne le tout, grâce aux recommandations données plus haut dans « ton secret de sorcier ». L'eau ne coule pas à travers la passoire. Magique !

Principe scientimagique :

L'air en dessous de la passoire, qui pousse vers le haut, exerce une force par centimètre carré supérieure à l'eau de la bouteille, qui pousse vers le bas. C'est pour cela que l'eau ne passe pas à travers la passoire. Dans ce match de costauds, c'est l'air en dessous, qui l'emporte.

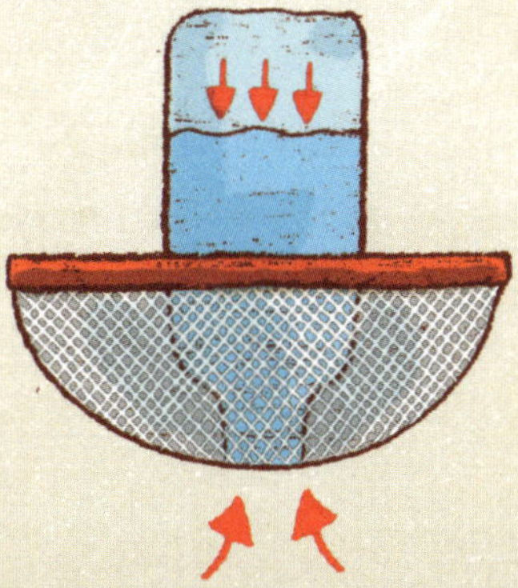

LES ASTUCES DE JOSETTE LA CHOUETTE

Pour rendre ce sortilège encore plus amusant, tu peux ensuite proposer aux spectateurs qui le souhaitent d'essayer tour à tour.

3

SORTILÈGE DE L'ESPRIT DU VENT

Difficulté :

DANS TON CHAUDRON, IL TE FAUT :

- 1 bouteille en plastique vide, dont tu as ôté l'étiquette (c'est plus joli ainsi).
- 1 boulette de papier.

Un volontaire essaiera de faire entrer une boulette de papier dans une bouteille, en soufflant. Mais grâce à ton sortilège, il n'y parviendra pas aussi facilement que cela n'y paraît !

Ton secret de sorcier

- Propose à qui veut d'inspecter la bouteille et la boulette : elles sont parfaitement normales.
- Maintiens la bouteille contre ton corps, à l'horizontale, avec la boulette de papier placée à l'entrée, dans le goulot.

Principe scientimagique :

Il y a de l'air dans la bouteille. En soufflant sur la boulette, l'air que ton spectateur envoie appuie sur l'air de la bouteille qui ressort automatiquement, repoussant ainsi la boulette vers l'extérieur...

LES ASTUCES DE JOSETTE LA CHOUETTE

Propose à un deuxième volontaire de venir aider le premier. Ils auront beau souffler à 2, voire même à 3, la boulette n'entrera pas.

LANCE TON SORTILÈGE !

1 Ta bouteille et ta boulette en position, demande qui a beaucoup de souffle, parmi tes spectateurs. Explique à ton volontaire que sa mission est facile : à ton signal, il soufflera le plus fort qu'il peut sur la boulette pour la faire entrer dans la bouteille.

2 Avant de donner le signal, dis cela :

« J'invoque maintenant l'esprit du vent, pour défendre l'entrée de la bouteille. Esprit du vent, installe-toi séant ! »

3 Donne maintenant le signal. Ton spectateur souffle sur la boulette... Surprise, la boulette ressort au lieu d'entrer, et elle risque bien d'atterrir sur le bout du nez du spectateur souffleur !

SORTILÈGE GRATTE-TÊTE DU CUISTOT RIGOLO

Difficulté :

DANS TON CHAUDRON, IL TE FAUT :

- Du sel fin, du poivre moulu.
- 1 feuille blanche.
- 1 verre rempli d'eau.

LANCE TON SORTILÈGE !

1 Plie la feuille en deux, puis déplie-la. Saupoudre dessus le sel et le poivre (à peu près une cuillère à café de chaque), et mélange-les avec ta main.
Prépare également un verre rempli d'eau, mais que tu ne montres pas tout de suite.

2 Présente à ton public ta feuille avec le poivre et le sel mélangés et propose de jouer au défi du cuistot rigolo : qui parviendra à séparer tous les grains de poivre des grains de sel, en moins de 10 secondes ?

Solution ensorcelée :

1) Va chercher ton verre d'eau.
2) Prends la feuille avec les grains de poivre et sel par les bords. Comme tu as fait un pli au milieu auparavant, cela va être facile pour toi de verser les grains dans le verre d'eau.
3) Et là, magie ! le sel tombe au fond du verre d'eau alors que le poivre reste à la surface. Le sel et le poivre ont bien été séparés en quelques secondes.

Principe scientimagique :

Le sel est soluble dans l'eau, il se retrouvera donc au fond du verre, tandis que le poivre, qui ne se dissout pas dans l'eau, flottera automatiquement à la surface.

3

SORTILÈGE DE LOCALISATION

2 cartes choisies par 2 spectateurs sont perdues dans le jeu. Mais tu traceras des signes magiques dans du ketchup, tu lanceras un sortilège de localisation (et utiliseras en secret un principe astucieux). Et grâce à tout cela, tu parviendras à retrouver les cartes.

Difficulté :

DANS TON CHAUDRON, IL TE FAUT :

- Les 12 cartes offertes à la fin de ton livre, à découper.

- Travailler sur table.

- 1 assiette dans laquelle tu as mis du liquide de couleur rouge, comme du ketchup ou de la sauce tomate ou du sirop de grenadine.

- 1 objet pour remuer le tout comme un bâton, le bout de ta baguette magique ou un cure-dents, un crayon.

Ton secret de sorcier

1) Les 12 cartes offertes à la fin du livre contiennent un code secret. En apparence, il s'agit de 12 cartes différentes, mais si tu regardes bien, il y a deux catégories de cartes, la catégorie NOIRE et la catégorie COULEUR.

- Quand le personnage porte un chapeau de sorcier tout noir, il s'agit d'une carte NOIRE.

- Quand le personnage porte un chapeau de sorcier coloré ou comportant une bande de couleur, il s'agit d'une carte COULEUR.

2) Ordonne le jeu de 12 cartes au préalable, en alternant une carte couleur, une carte noire, une carte couleur, une carte noire, et ainsi de suite.

4) Voici 2 gestes et termes que tu dois connaître pour réaliser le sort :

Étaler les cartes, c'est faire une ligne à peu près droite avec les cartes sur la table, de manière à ce que toutes les cartes soient visibles:.

Couper le jeu, c'est poser les cartes sur la table, soulever environ la moitié du jeu (c'est le paquet A) et le poser à droite des cartes qui restent, puis prendre les cartes restantes à gauche (paquet B) et les poser sur le paquet A.

(Tu dois aussi connaître les termes cartes face en l'air et cartes face en bas qui te sont expliqués page 33 dans le sortilège du pouvoir des mots).

3) C'est mieux que tes cartes soient épaisses pour réaliser le sort. Pour cela, colle au dos de chaque carte du papier à dessin blanc ou de couleur. Le papier doit faire au minimum 160g/m², mais plus épais c'est encore mieux. Il faut que tous les dos des cartes soient identiques, donc utilise le même papier pour les 12 cartes, et découpe soigneusement pour qu'il n'y ait pas des cartes de taille différente. Prends soin de coller le papier uniformément et partout, pour que les dos ne se décollent pas.

LANCE TON SORTILÈGE !

1

Tu as une table devant toi, et tes spectateurs face à toi.
Présente tes cartes aux spectateurs :

« Voici un jeu avec 12 cartes, toutes différentes. »

Étale le jeu face en l'air sur la table. Détaille certaines cartes en les montrant du doigt :

« Par exemple, voici Léo l'apprenti sorcier, et ici, Josette la chouette, et là encore la sorcière Marjolaine. »

2

Regroupe les cartes en un paquet, en prenant garde de ne pas les mélanger, afin qu'il reste bien une alternance d'une carte NOIRE, une carte COULEUR, une carte NOIRE, etc. Retourne le jeu face en bas sur la table, et demande aux spectateurs combien de fois ils veulent que tu coupes le jeu pour qu'il soit bien mélangé. Coupe le jeu le nombre de fois que les spectateurs te le demandent (en géneral ils vont te demander de le couper au moins trois ou quatre fois). Bonne nouvelle, la coupe du jeu le mélange, mais l'alternance des cartes NOIRES et des cartes COULEUR ne changera pas.

3

Demande à deux volontaires de te rejoindre, l'un se place à ta droite, l'autre à ta gauche.
Adresse-toi au volontaire de droite :
« Maintenant que le jeu est mélangé, pouvez-vous prendre la carte supérieure du jeu, et la montrer à tout le monde sauf à moi... »

Tourne-toi et/ou ferme les yeux pour ne pas voir la carte montrée, puis dis :
« C'est fait, je peux ouvrir les yeux ? »

Adresse-toi ensuite au volontaire de gauche :
« Veuillez prendre s'il vous plaît la carte suivante, et la montrer à tout le monde sauf à moi, c'est fait ? »

Invite le spectateur de droite à reposer sa carte sur le jeu, puis celui de gauche à faire la même chose. Enfin demande à tes deux volontaires de retourner s'asseoir.
Tes spectateurs ne se doutent de rien, mais l'ordre des 2 cartes du dessus du jeu vient d'être inversé (rappelle-toi, c'est la carte du volontaire de droite qui était tout en haut du paquet tout à l'heure, et maintenant elle est en deuxième position, sous celle du spectateur de gauche).

4

« Je n'ai aucun moyen de connaître les cartes que vous avez tirées, et en plus je vais couper deux fois le jeu pour perdre les cartes dans le jeu. »
Joins les actes à la parole et coupe deux fois le jeu...

5

« Maintenant au cas où les cartes se trouvent encore ensemble côte à côte, je vais diviser le jeu en deux piles pour les séparer. »

Puis fais-le, en distribuant les cartes, face en bas, en deux piles, en posant une première carte à droite, la suivante à gauche, la troisième à droite et ainsi de suite en alternant jusqu'à avoir deux piles de 6 cartes.
Tu te retrouves maintenant avec une pile contenant 5 cartes noires et une carte de couleur, et l'autre pile contenant 5 cartes couleur et une carte noire... Mais personne ne le sait à part toi, puisque les cartes sont toujours face en bas.

6

“ Pour que le mélange soit absolu, je vais même mélanger chacune des piles. ”

Mélange maintenant la première pile, face à toi, de façon à ce que les spectateurs ne voient que les dos. Repère la seule carte qui est différente des autres au niveau des chapeaux, soit tu auras une seule carte à chapeau noir et toutes les autres à chapeau couleur, soit l’inverse. Retiens bien la carte différente des autres, puis de même pour la deuxième pile…

7

Maintenant que tu connais parfaitement les 2 cartes qui ont été choisies, rejoins les deux piles de cartes ensemble et dis :

“ Mélangeons encore, pour aller jusqu’au bout du bout… ”
et mélange tout le jeu vraiment, puis étale les cartes face en l’air cette fois-ci, sur la table.

3

FINAL

8 Pose sur la table ton assiette dans laquelle tu as mis du liquide rouge, du ketchup par exemple.
Explique à ton public que tu vas lancer un sortilège de localisation pour retrouver les cartes.
Fais mine d'interroger le liquide rouge, en y traçant des symboles bizarres avec ton bâton ou le bout de ta baguette magique.

« Ah je vois, je sais... »

Pose ton bâton, et sors du jeu la première carte que tu as mémorisée (par exemple Hubert le crapaud). Montre-la à tout le monde et dis à tes spectateurs :

« Le sortilège de localisation m'a indiqué que cette carte, Hubert le crapaud, est bien l'une des cartes choisies, est-ce exact ? »
Les spectateurs vont te le confirmer.
Trace à nouveau des symboles bizarres dans le liquide rouge, fais mine d'hésiter et dis à voix haute :

« Par la Lune et par Neptune, que soit dévoilée l'une... Ah, ça y est, je vois ! »

Repose ton bâton, et sors du jeu la seconde carte que tu avais mémorisée (par exemple Mousette la souricette).

« Le sortilège m'a indiqué que cette carte, Mousette la souricette, est bien l'une des cartes choisies, exact ? »
Les spectateurs confirment à nouveau, et ils n'en reviennent pas. Voilà qui va les laisser songeurs un bon moment.

LES ASTUCES DE JOSETTE LA CHOUETTE

- Attention de ne pas tacher tes cartes avec le ketchup.
- Ce sortilège peut se faire avec des cartes à jouer normales en préparant un jeu de 12 cartes alternant carte rouge et carte noire, mais alors tu ne pourras pas montrer ton jeu de cartes aux spectateurs au début (il faut sauter l'étape 1 de « lance ton sortilège »), car ils comprendraient tout de suite que le jeu est ordonné.
- Comme tu l'as compris, l'assiette remplie de ketchup est une mise en scène rigolote, que tu peux remplacer par une autre idée si tu veux.

Emma, l'apprentie sorcière

Léo, l'apprenti sorcier

Azraëlle la chatounette

Josette la chouette, professeur assistant

Mousette la souricette

Coco le corbeau

Balthazar le lézard

La sorcière Marjolaine,
professeur en sortilèges

Désirée l'araignée

Hubert le crapaud

Pirouette la chatounette

Globulus l'octopus

TA PIERRE MAGIQUE

Une pierre magique est un outil précieux pour un sorcier.
Il suffit de la garder sur soi, pour que sa magie opère.

Quand tu auras trouvé ta pierre, essaie de l'avoir toujours avec toi (dans ta poche, dans ton cartable...).
Et quand tu auras besoin de courage (juste avant de démarrer ton spectacle de sorcier par exemple), serre-la dans ta main, elle t'aidera.
En plus de cela ta pierre magique peut servir d'outil, tout comme ta baguette magique, pour lancer des sortilèges.

« *La locus magiculus* d'un magicien ou d'une magicienne l'appelait ; ça pouvait être n'importe quoi : un caillou sur la route, une pierre lisse au fond de la rivière, ou même un gravier. »

Le voleur de magie, livre trois, Sarah Prineas.

Pour te procurer une pierre magique, c'est très simple : lorsque tu pars en balade ou en voyage, observe le sol, les chemins, les recoins... Prends le temps de chercher ta pierre. Ce ne sera pas forcément la plus belle, la plus brillante, la plus colorée : ta pierre magique sera celle qui t'attire.
Et pour être sûr de l'avoir bien choisie, place-la dans ta main quelques instants. Est-ce agréable ? Te sens-tu bien avec ta pierre ? Si c'est oui, et que tu n'as plus envie de t'en séparer, tu l'as trouvée !

FABRIQUE TA BAGUETTE MAGIQUE

On retrouve des traces de l'utilisation de baguettes magiques depuis la Grèce antique. C'est un objet destiné à condenser les pouvoirs magiques du sorcier, du magicien, du mage, de la fée... Et c'est aussi le prolongement de ton doigt, qui est la première baguette magique, que tu as toujours « sous la main ».

Pour fabriquer ta baguette personnelle :

1 Tu peux ramasser une jolie branche en forêt ou dans un parc (ne l'arrache pas de l'arbre, prends-la sur le sol). Une branche pas trop fragile, qui ne serait pas blessante, et dont la forme te plaît. Tu n'as plus ensuite qu'à la nettoyer. Et voilà !

2 Tu peux en bricoler une, avec une baguette chinoise. Procure-toi une baguette chinoise, puis décore le tiers supérieur de la baguette :
- en le colorant avec un marqueur noir indélébile (feutre à CD), en dessinant des symboles magiques de ton choix ;
- en enduisant ce tiers supérieur de colle forte puis en enroulant au fur et à mesure, sur la partie encollée, un lacet rond de chaussures de couleur foncée, ou bien un lacet en cuir ;
- en achetant en mercerie ou en boutique de loisirs créatifs des minipierres brillantes, imitant les pierres précieuses, et en les collant sur ta baguette.

3 Tu peux utiliser un objet rigolo comme un crayon ou une brosse à dents en guise de baguette magique, cela fera rire tes spectateurs, et rire, ça fait du bien.

FABRIQUE TA BOÎTE MAGIQUE ET TON ABRI MAGIQUE

LA BOÎTE MAGIQUE :
Une boîte magique permet de ranger tout le matériel nécessaire pour lancer ses sortilèges. Ainsi ton matériel sera protégé, et tu l'auras toujours à disposition.
Cela peut être une boîte à chaussures ou autre boîte en carton que tu décores joliment, une valisette, un petit coffre.

L'ABRI MAGIQUE :
Un abri magique est une sorte de miniparavent que tu poses sur ta table de magie lorsque tu réalises tes sortilèges en public. Tu peux ainsi cacher tes mains et ton petit matériel, et réaliser tes préparations et autres secrets à l'abri des regards.
Tu peux le fabriquer avec 2 couvercles de boîtes à chaussures de même taille, que tu mets côte à côte en position verticale, en formant un angle entre les 2.
Les 2 couvercles forment un miniparavent à 2 panneaux. Relie-les entre eux, en collant les arêtes des couvercles avec du Scotch épais.
Tu peux aussi fabriquer l'abri avec 2 plaques de carton ou 2 feuilles de dessin épaisses.

BIBLIOGRAPHIE

Pour écrire ce grimoire magique, je me suis beaucoup documentée et j'ai lu les œuvres des grands magiciens suivants :

Martin Gardner, *Encyclopédie de la magie impromptue*
Roberto Giobbi, *Roberto Light* et *Roberto Ultra Light*
Nevil Maskelyne, *L'art dans la magie*

J'ai lu aussi des ouvrages de magie pour enfants écrits par mes collègues Jérôme Sauloup, Benoît Rosemont, Pascal Romano, Sylvain Mirouf et Jon Tremaine.

Et, des ouvrages moins ciblés « magie » tels que *Sciences et Vie Junior*, des livres de casse-tête et jeux magiques pour enfants, et de la documentation sur plusieurs sites, blogs, forums et vidéos sur internet.

Les sortilèges proposés dans ce livre utilisent des principes magiques connus, dont il est bien souvent difficile de déterminer la paternité.
Les mises en scène que je propose sont des créations originales, l'écriture des *modus operandi* est aussi personnelle, ils ont été pensés et testés pour chaque sort, afin que cela soit le plus clair et le plus ludique possible pour le lecteur.

L'agence Okidokid a mis sa créativité au service de ce livre.

ISBN : 978-2-7324-6861-7
Dépôt légal : avril 2015

Conforme à la loi n° 49-956 du 16 juillet 1949 sur les publications destinées à la jeunesse.

Achevé d'imprimer en mars 2015 par Pollina - L71487

www.lamartinierejeunesse.fr
www.lamartinieregroupe.com